Dieter Buck

Harald Schukraft

Stuttgarter Grenz-Wanderungen

Stadtgeschichtliche Entdeckungstouren

Silberburg-Verlag

Umschlagfoto: Blick von unten auf den Stuttgarter Fernsehturm
Foto Seite 1: Rössle auf einem Brunnen bei Untertürkheim
Foto Seite 2/3: Im Botnanger Wald
Abbildung Seite 10/11: Vogelschauansicht von Stuttgart (Ende 17. Jahrhundert)
Abbildung Seite 32/33: Blick auf Stuttgart von Osten her (Stich um 1855)
Foto Seite 96/97: Weiter Blick bei der Katharinenlinde

Die Autoren:
Der Stuttgarter **Dieter Buck**, Jahrgang 1953, veröffentlicht seit vielen Jahren Wander-
und Radwanderführer. Außerdem ist er Herausgeber des »Schwaben-Kalenders« und
Redaktionsleiter von »Schwaben Alpin«. Regelmäßig stellt er in der »Stuttgarter Zeitung«
und der »Eßlinger Zeitung« Ausflugstipps in Baden-Württemberg vor.

Harald Schukraft, Jahrgang 1955, hat Geschichte, Politikwissenschaften und Geogra-
phie an den Universitäten Stuttgart und Tübingen studiert. Er gilt als einer der profundes-
ten Kenner der Stuttgarter Stadtgeschichte. Neben seiner publizistischen und journalisti-
schen Tätigkeit arbeitet er auch als Reiseführer bei Kunst- und Kulturreisen.

Allgemeiner Hinweis:
Die Begehung der vorgeschlagenen Wanderstrecken erfolgt auf eigene Gefahr. Die Natur-
wege können besonders nach einer Regenperiode oder nach der Schneeschmelze, aber
auch infolge von Baumaßnahmen, Holzeinschlag oder Windbruch zeitweise unpassierbar
werden. Jeder Wanderer hat selbst auf festes und für die Touren geeignetes Schuhwerk zu
achten. Die Autoren und der Verlag lehnen jede Haftung für Schäden ab, die in Zusammenhang mit der Begehung der vorgeschlagenen Routen entstehen. Die Streckenbe-
schreibungen wurden nach bestem Wissen und Gewissen so formuliert, dass ein Irrtum
zur Zeit der Drucklegung ausgeschlossen schien.

1   2   3   4   5   07   06   05   04   03

© Copyright 2003 by Silberburg-Verlag Titus Häussermann GmbH,
Schönbuchstraße 48, D-72074 Tübingen.
Alle Rechte vorbehalten.

Satz und Umschlaggestaltung: Frank Butzer, Tübingen;
Umschlag unter Verwendung eines Fotos von Dieter Buck.
Bilder im Innenteil: Dieter Buck, Harald Schukraft; Luftbild Seite 9: Manfred Grohe.
Kartengrundlage: Rasterdaten des Stadtmessungsamtes der Landeshauptstadt Stuttgart,
bearbeitet durch den Verlag.
Druck: Gulde Druck, Tübingen.
Printed in Germany.

ISBN 3-87407-551-6

Besuchen Sie uns im Internet
und entdecken Sie die Vielfalt unseres Verlagsprogramms:
www.silberburg.de

Inhalt

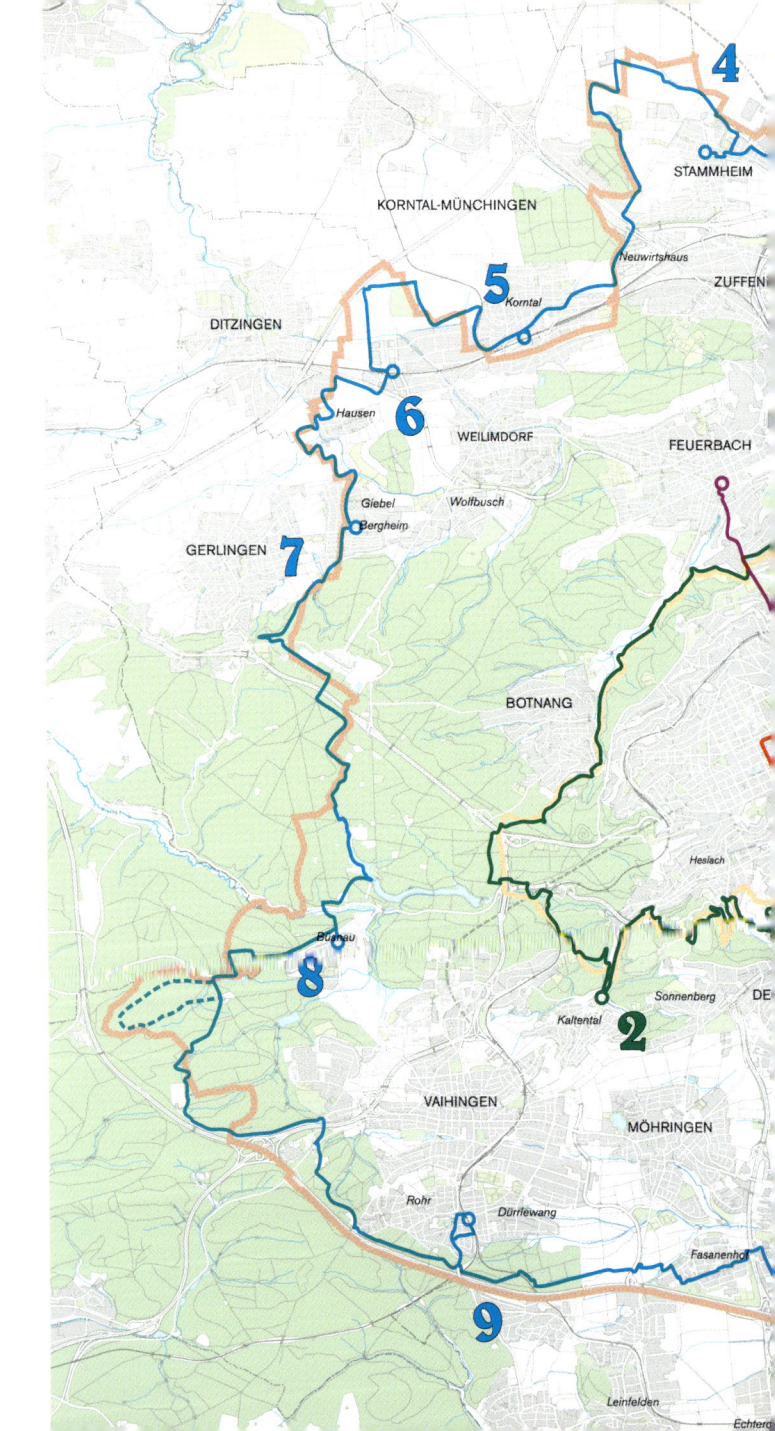

Stadtgrenze 1867

Stadtgrenze 2003

S — Tour »Stadtmauer«

1-3 — Tour »19. Jahrhundert«

M — Tour »Milchfrauenweg«

1-11 — Tour »Heutige Stadtgrenzen«

0   1   2   3 km

Vorwort

»Großstadt zwischen Wald und Reben«, so lautete viele Jahre lang der offizielle Werbespruch der Stadt Stuttgart. Heute soll der oft belächelte Slogan »Partner der Welt« Besucher und Investoren in die Landeshauptstadt locken. Dass das zweite Prädikat zutrifft, erkennt man, wenn man sich vergegenwärtigt, wie viele international tätige Firmen und Großkonzerne ihren Sitz in Stuttgart haben. Dass der erst genannte Slogan aber weiterhin seine Berechtigung hat, merkt man, wenn man die in diesem Buch vorgeschlagenen Wanderungen und Spaziergänge macht. Die beschriebenen Touren, von leichten Spaziergängen bis hin zu ausgewachsenen Wanderungen, führen vorbei an Naturdenkmälern, Landschafts- und Naturschutzgebieten, an Aussichtspunkten, idyllischen Bachläufen, Talauen und an Waldseen, durch Weinberge und romantische Wälder.

Aber nicht nur schöne Wanderungen durch die Natur rund um Stuttgart werden in diesem Buch geboten, nein, interessant dabei ist, dem Verlauf der historischen und aktuellen Grenzen Stuttgarts zu folgen. Ob kreuz und quer durch die »Altstadt« auf der Suche nach Relikten des spätmittelalterlichen Stuttgart oder über Stock und Grenzstein entlang der Stadtgrenze, die seit dem Spätmittelalter für lange Zeit gültig war. Eine Mammuttour in elf Teilen entlang der heutigen Stuttgarter Markung führt dem »Grenz-Wanderer« überdies das ausgedehnte Territorium der Landeshauptstadt vor Augen und unter die Füße. Ausführlich wird auch der Weg beschrieben, den einst Milch- und Marktfrauen aus den angrenzenden Dörfern und Städten genommen haben, um zum Stuttgarter Markt zu kommen. Und überall stößt man unterwegs auf historisch bedeutsame Gebäude und Orte, deren Geschichte und Geschichten in farbig unterlegten Beschreibungen anschaulich und profund erklärt werden.

Zumeist verlaufen die Routen der Wandervorschläge direkt auf den Grenzlinien von einst und heute. Manche Tourenabschnitte weichen aber auch ein klein wenig von der eigentlichen Grenze ab. Oft gibt es nämlich gar keine Wege direkt auf der Grenzlinie und manche Bereiche an den Rändern der Stuttgarter Markung sind schlichtweg unattraktives Wanderterrain. Wer möchte schon Kilometer um Kilometer an der Autobahn A8 entlangmarschieren oder sich mitten im Wald ohne festen Untergrund durch

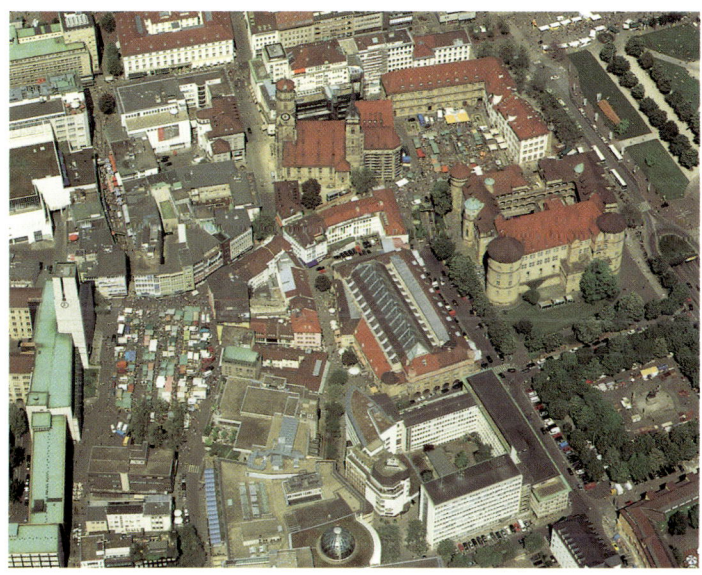

Luftiger Blick auf Rathaus, Marktplatz, Stiftskirche und Altes Schloss.

dichtes Gebüsch über steile Abhänge plagen. Da die Touren Spaß machen sollen, wurden deshalb hie und da Wege ausgewählt, die auf schöneren Streckenabschnitten, in etwa parallel zum Grenzverlauf, über attraktive Zwischenstationen zum jeweiligen Zielort führen.

Die Grenz-Touren sind so gehalten, dass Ausgangs- und Endpunkt immer an einer gut erreichbaren Haltestelle von S-, Stadt-, Straßenbahn oder einer Buslinie liegen. Sie sind alle bequem zu bewältigen, auch wenn sie meist Höhenunterschiede mit sich bringen. Das ist bei einer Stadt mit einer derartig lebhaften – und dadurch interessanten – Topografie ganz natürlich. Manche

Touren sind etwas länger und beanspruchen, die nötigen Pausen eingerechnet, schon einen ganzen Wandertag. Andere sind weit kürzer, sie eignen sich dadurch auch als Sonntagnachmittag-Spaziergang. Manche Touren kann man ebenso gut mit dem Fahrrad bewältigen, dabei bietet es sich an, mehrere Abschnitte zu einer längeren Radtour zu verbinden.

Als Kartenmaterial sei der amtliche Stadtplan der Stadt Stuttgart im Maßstab 1 : 20 000 empfohlen, da und dort ist jedoch auch die Wanderkarte des Landesvermessungsamtes Baden-Württemberg, Blatt 14 »Stuttgart und Umgebung«, Maßstab 1 : 50 000 von Nutzen.

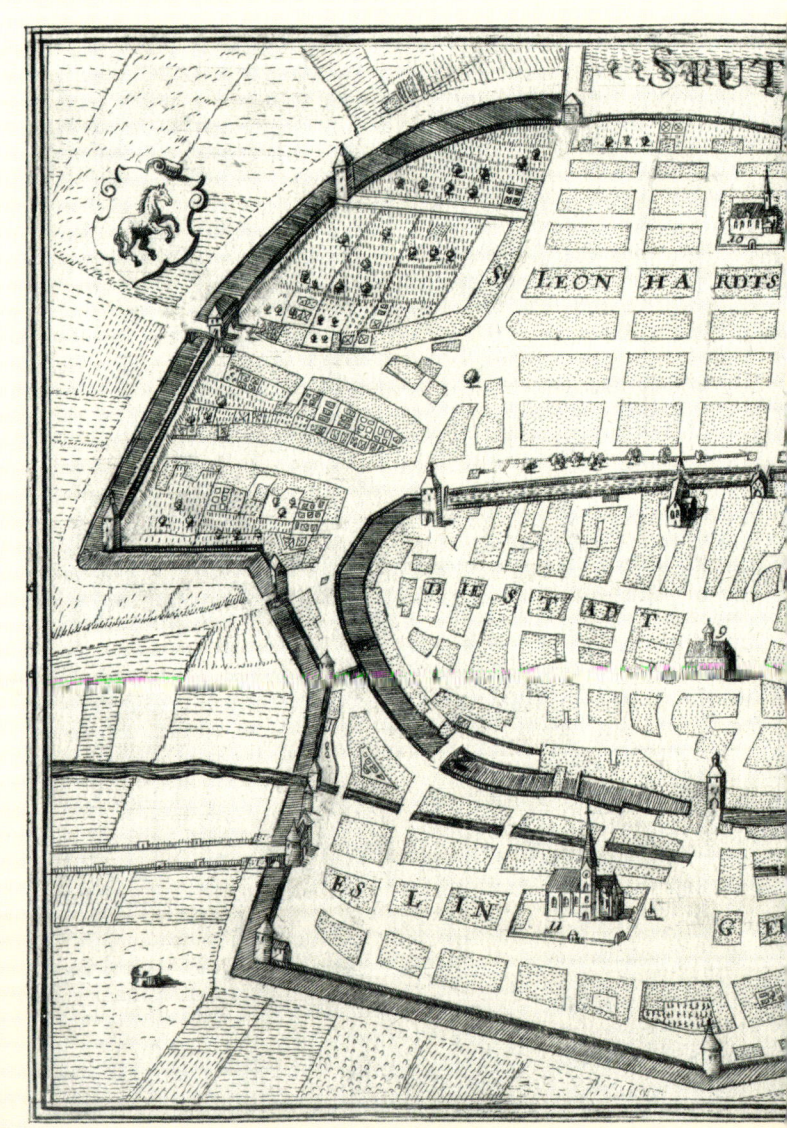

Teil 1
Das alte Stuttgart

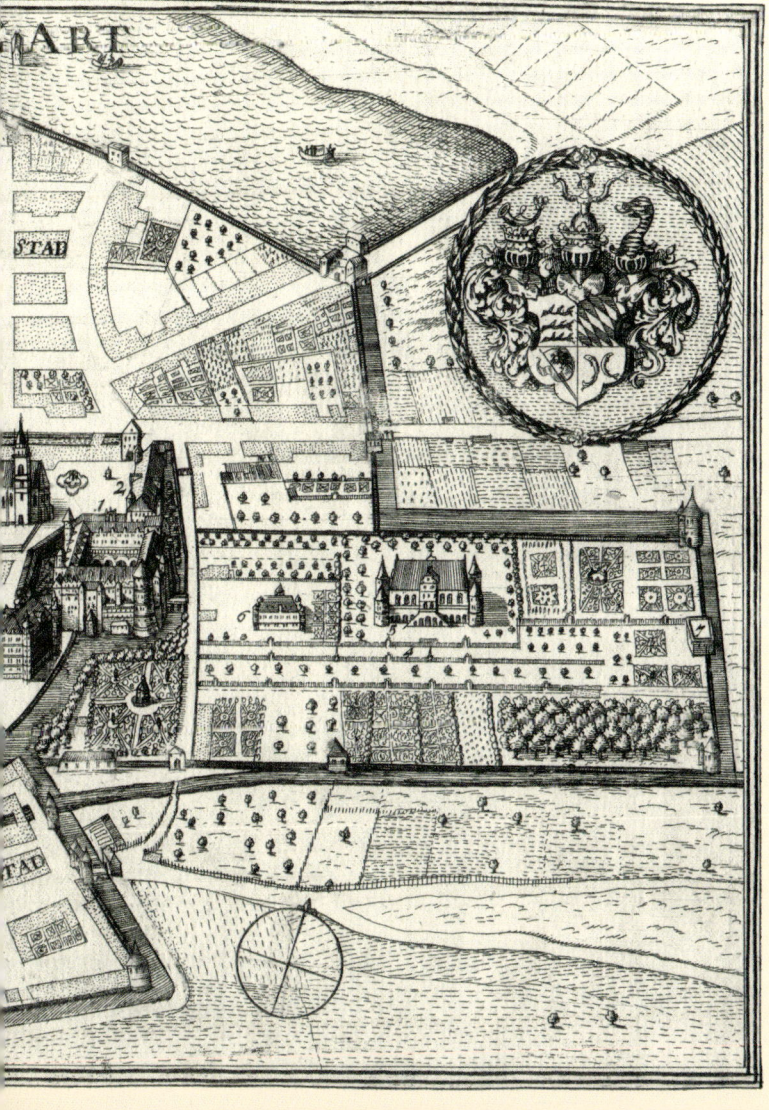

Vom »Stutengarten« zur Residenzstadt

Ähnlich wie die Jahresringe der Bäume verlaufen die historischen Grenzen von Stuttgart um die Keimzelle der Stadt, die Stiftskirche. Denn immer wieder, wenn die Einwohnerzahl der Siedlung angewachsen war, wurden die Grenzen weiter draußen neu abgesteckt.

Man vermutet, dass eine erste Burgfriedgrenze um das »Alte Stuthaus« als Mittelpunkt – es lag bis zum Zweiten Weltkrieg neben der Stiftskirche in der Gasse »Am Fruchtkasten« – verlief. Dieser Bezirk reichte in etwa von der Einmündung der Kirchstraße in den Marktplatz über das Haus »König von England« am Schillerplatz und das Schillerdenkmal bis zur Kronprinzstraße und zurück zum Marktplatz. Interessanterweise ist der Bereich des Alten Schlosses nicht Bestandteil dieses Burgfriedensbezirks gewesen. Anhand von alten Steuerverzeichnissen konnte man feststellen, dass innerhalb des »Burgfriedens« andere Steuern als außerhalb bezahlt werden mussten und dass dort eine andere Gerichtsbarkeit galt. Diese Grenze dürfte lange vor 1200 festgelegt worden sein.

Es war wohl zu Beginn des 13. Jahrhunderts, als der damalige Herr von Stuttgart, ein Markgraf von Baden, eine neue Grenze festlegen ließ. Sie sollte für fast zweihundert Jahre die Außengrenze der nun allmählich zur Stadt gewordenen Siedlung bilden. Sie verlief von der Alten Kanzlei entlang der oberen Königstraße zur Eberhardstraße, dann in etwa durch die Breuninger-Passage und mitten durch das Innenministerium am Karlsplatz zum Alten Schloss. Diese Stadtgrenze war durch eine Stadtmauer mit davor liegendem Wall und Graben geschützt. Aus diesem Grund hießen bis 1811 die König- und die Eberhardstraße »Großer Graben« beziehungsweise »Kleiner Graben«.

Drei Stadttore führten durch die Mauer, von denen ein einziges noch heute vorhanden ist, ohne dass die meisten der hindurcheilenden Passanten etwas davon wissen. Der so genannte »Kanzleibogen«, das heißt der Durchgang vom Schillerplatz zur Königstraße, geht ursprünglich auf das »Tunzhofer Tor« des frühen 13. Jahrhunderts zurück. Die anderen beiden Tore standen bei der Treppenanlage zwischen der

Das Große Lusthaus stand einst im Lustgarten.

Breiten Straße und der Königstraße sowie in der Marktstraße.

Obwohl außer dem Kanzleibogen kein Mauerwerk mehr von dieser ersten nachweisbaren Stadtmauer kündet, ist diese Grenze doch noch an vielen Stellen im Stadtbild ablesbar. Jeder Fußgänger, der in der Innenstadt von Stuttgart unterwegs ist, weiß, dass der Höhenunterschied von der Königstraße hinunter zu den zum Rathaus führenden Straßen beträchtlich ist. Überall, sei es an der Stiftstraße, der Schulstraße oder der Neuen Brücke, ist der letzte Abschnitt recht steil. An der Breiten Straße und an der Hirschstraße mussten sogar Treppenanlagen gebaut werden, um den Niveauunterschied überwinden

zu können. An der Eberhardstraße ist es nicht anders; auch bei der Steinstraße, der Gasse zum Geißplatz hinunter und bei der Nadlerstraße sind die Steigungen immer noch beträchtlich. Die Höhen, die man in Gestalt von König- und Eberhardstraße bis heute erklimmen muss, sind nichts anderes als die einstigen Befestigungswälle vor der Stadtmauer. Diese Wallanlagen sind zweifellos das eindrucksvollste archäologische Denkmal im Bereich der heutigen Innenstadt.

An die erste, vom Markgrafen von Baden befestigte Stadt wurden im Lauf der Zeit zwei Vorstädte und der Lustgartenbezirk angebaut. Zunächst entstand gegen Ende des 14. Jahrhunderts um die Leonhards-

Das Königstor von 1810

kirche die so genannte »Esslinger Vorstadt«, deren Grenzen durch die Lederstraße, die Kanalstraße, die Weberstraße, den Wilhelmsplatz und die Torstraße gekennzeichnet sind.

Die seit der Mitte des 15. Jahrhunderts angelegte Vorstadt im Norden trug viele Namen, wovon der älteste »Turnierackervorstadt« war, weil im Bereich des Baugeländes früher die bei fürstlichen Hoffesten üblichen Turniere abgehalten worden sind. Später nannte man sie nach der geografischen Lage »Obere Vorstadt«, nach dem sozialen Stand ihrer Bewohner »Reiche Vorstadt« oder nach dem im alten Dominikanerkloster eingerichteten Krankenhaus »Hospitalvorstadt«. Diese zweite Stadterweiterung wird im Wesentlichen von Tübinger Straße, Krummer Straße, Paulinenstraße, Weimarstraße, Bollwerk, Schloss- und Bolzstraße begrenzt.

An manchen Stellen wurde der Mauerzug zunächst gar nicht aus

Stein gebaut. Erst Herzog Christoph hat 1563 den Befehl erteilt, überall eine Steinmauer zu errichten, die schließlich auch nach vier Jahren vollendet wurde. Die Kosten teilten sich Stadt und Land – damals wie heute – bei derartigen Großprojekten auf: Der Landesherr musste für die Türme und das Steinwerk der Tore aufkommen, die Stadt dagegen hatte die Mauern und das an den Toren aus Holz gebaute zu bezahlen. Die Tore wurden jeden Abend zu einer festgelegten Zeit geschlossen und erst morgens wieder geöffnet. Später ankommende Fuhrleute und Reisende mussten irgendwo unterkommen, sodass bald vor einigen Toren Gastwirtschaften und Ställe für die Zugtiere gebaut wurden.

Der dritte ummauerte Bezirk, der Fürstliche Lustgarten, kam ab der Mitte des 16. Jahrhunderts hinzu. Er lässt sich heute im modernen Stadtbild nur noch schwer ausfindig machen. Seine Grenzmauer verlief in Form eines riesigen Rechtecks in etwa von der Alten Kanzlei ausgehend über den Schlossplatz, dann im Zuge der Stauffenbergstraße zum Altbau der Landeszentralbank, dort umknickend zum unteren Ende des Eckensees und ein zweites Mal im rechten Winkel abbiegend vor der Staatsoper und hinter dem Neuen Schloss vorbei zum Innenministerium am Karlsplatz. Im Verlauf des folgenden Spaziergangs werden wir diese Grenzen ausführlich kennen lernen.

Auf den Spuren der alten Stadtmauer

■ **Ausgangspunkt:**

Hauptbahnhof (zu erreichen mit allen öffentlichen Verkehrsmitteln: Bahn, S-Bahn, Stadtbahn, Straßenbahn, Bus).

■ **Wegverlauf:**

Wir verlassen den Hauptbahnhof durch die Klettpassage und spazieren kurz die Königstraße entlang, bis nach links eine Passage zum Park führt. Dort gehen wir hinaus und weiter in Richtung Großes Haus. Nach dem Eckensee biegen wir rechts ab und gehen an ihm entlang auf das Neue Schloss zu.

Da im 19. Jahrhundert ein rasantes Bevölkerungswachstum einsetzte, das die Einwohnerzahl Stuttgarts von 21 000 um 1800 im Verlauf von hundert Jahren auf 176 000 ansteigen ließ, kann man nun keine exakten Stadtgrenzen mehr bestimmen. Die Ränder waren durch die Baumaßnahmen ständig »im Fluss«. Auch die zumeist nur noch aus einem Torhäuschen und einem Schlagbaum bestehenden Stadttore – hier wurde unter anderem das »Pflastergeld« (Straßenbenutzungsgebühr) erhoben – wurden entsprechend dem Stadtwachs-

tum an manchen Straßen alle paar Jahre verlegt. Das am längsten erhaltene Stadttor aus dem frühen 19. Jahrhundert war das **Königstor** am Ende der unteren Königstraße. Es stand direkt über dem Ausgang aus der Klettpassage und war 1807 bis 1810 von Hofbaumeister Thouret errichtet worden. Da es nicht zu verschließen war, hatte es vor allen Dingen repräsentative Funktion, denn es schloss die damals wichtigste Straße der Stadt, die »Königstraße«, ab. Zum 1. Januar 1806 hatte Herzog Friedrich II. von Württemberg die Königswürde angenommen und diesem höheren Rang gemäß neue Straßen und eben das »Königstor« anlegen lassen. Nach der Einweihung des neuen Hauptbahnhofes wurde das Tor im Jahr 1922 als Verkehrshindernis abgerissen. Überlegungen, es an anderer Stelle wieder zu errichten, wurden nicht in die Tat umgesetzt. Stattdessen hat man das einst über dem Tordurchgang angebrachte württembergische Wappen in der großen Bahnsteighalle des Hauptbahnhofs über dem Mittelausgang eingemauert, wo es sich bis heute befindet.

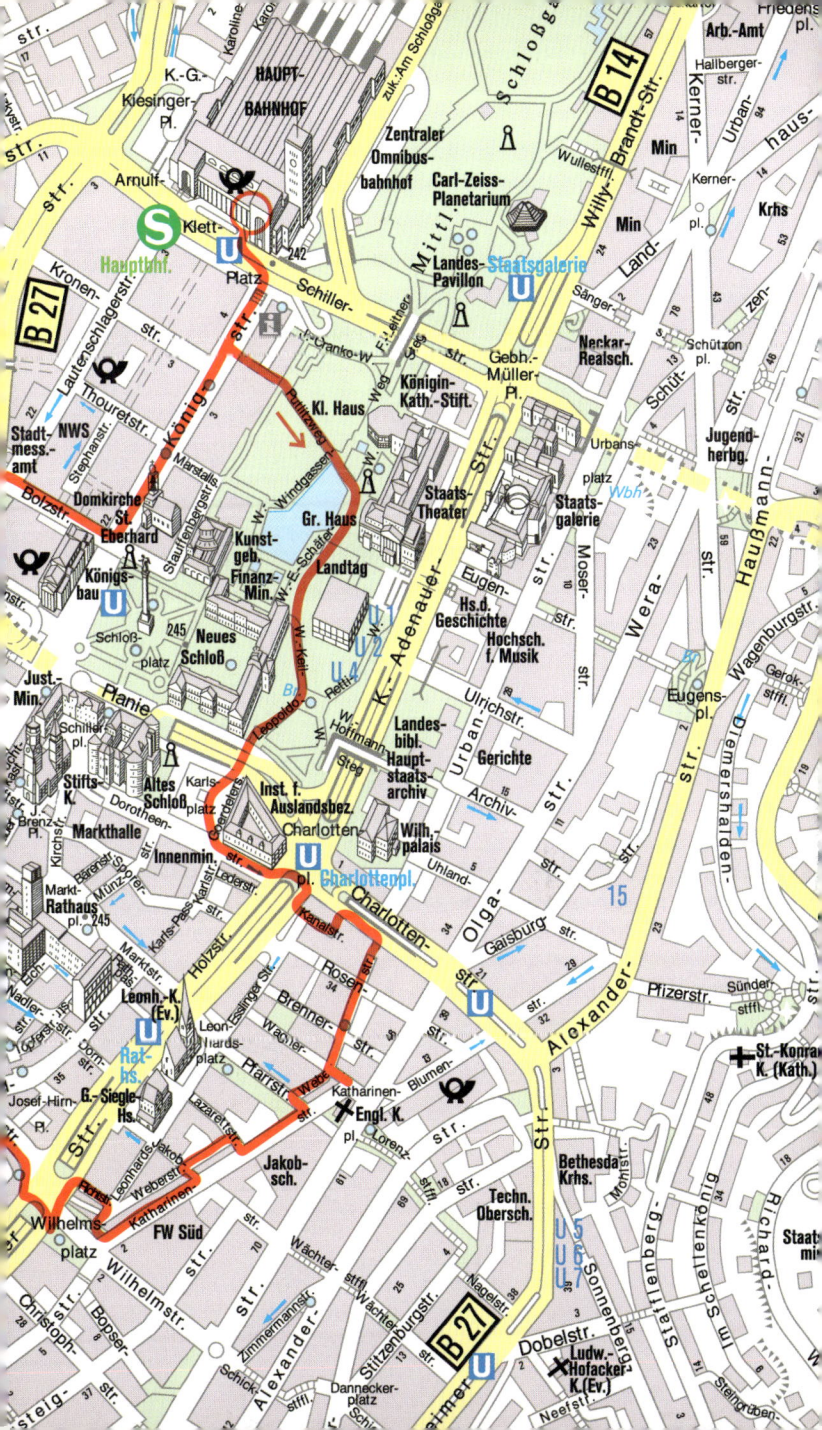

Blick über den Rosengarten zur Staatsoper. Hier befand sich ein Turnier-platz im Lustgarten.

Am **Eckensee** erreichen wir den einstigen Lustgartenbereich. An dieser Stelle befand sich ein Grottenge-bäude, das zu den schönsten und technisch raffiniertesten in Europa zählte. Der Heidelberger Garten-architekt Samuel de Caus hat es zu Anfang des Dreißigjährigen Krieges entworfen, ganz fertig wurde es aber nie. Besonders gerühmt wur-den die beweglichen Figuren, die klingenden Orgelpfeifen und die Vogelstimmen, alles durch Wasser-kraft in Gang gesetzt. In der Barock-zeit herrschte ein anderer Ge-schmack und Herzog Carl Eugen ließ das altmodisch gewordene Wunderwerk beseitigen.

Das Lustgartengelände wurde zu Beginn des 19. Jahrhunderts in den 1808 für die Bevölkerung geöff-neten königlichen **Schlossgarten** einbezogen. Die historische Parkan-lage war abgesehen von kleineren Veränderungen bis zur großen Um-gestaltung für die Bundesgarten-schau 1961 erhalten geblieben. Da-mals wurde aus einem ovalen der »Eckensee« und vor dem Neuen Schloss aus dem eleganten Rosen-garten ein Schachbrettgeviert im Stil der Waschbetonkultur. Neben der Gartenfassade des Neuen Schlosses ist es vor allem das Große Haus der Württembergischen Staatstheater – 1912 von Max Littmann gebaut –, das einen optischen Bezug zur Ge-schichte herstellt.

Zwischen Neuem Schloss und Landtag gehen wir auf dem Wil-helm-Keil-Weg zum Akademiebrun-nen und in Richtung Karlsplatz.

Der **Akademiebrunnen** war bis zum Zweiten Weltkrieg umgeben von den ausladenden Bauten der ehemaligen Hohen Carlsschule, in der schon Friedrich Schiller als Medizinstudent gelebt und seine »Räuber« geschrieben hatte. Nach dem Krieg wurden Teile der Anlage als Polizeiwache und Passstelle wieder aufgebaut, dann aber Ende der Fünfziger Jahre beim Bau des baden-württembergischen Landtags vollständig entfernt. Der Brunnen ist ein Werk des württembergischen Hofbaumeisters Nikolaus Friedrich von Thouret aus dem Jahr 1811.

Am Schillerplatz steht das letzte Stadttor, der »Kanzleibogen«.

Die Lustgartenmauer verlief parallel zur Rückfront des Neuen Schlosses einige Meter von diesem entfernt. Sie war beim Bau der Gebäude der Hohen Carlsschule um 1740 restlos beseitigt worden. Nur im Bereich des Landtags, des Staatstheaters und des Eckensees sowie im Zuge der jetzigen Stauffenbergstraße hielten sich Teilstücke bis zu Beginn des 19. Jahrhunderts.

Vom Akademiebrunnen spazieren wir zum Karlsplatz, auf dem jeden Samstag ein großer Flohmarkt stattfindet.

Mitten auf dem **Karlsplatz** erhebt sich seit 1898 das Reiterstandbild des 1871 im Spiegelsaal von Versailles zum Deutschen Kaiser proklamierten preußischen Königs Wilhelm I. Es ist ein Denkmal mit großer Symbolkraft, denn nach 1871 gab es in Württemberg starke Vorbehalte gegenüber der preußischen Vorherrschaft im Deutschen Reich. Das Standbild setzte damals ein unübersehbares Zeichen, dass sich das Verhältnis unter König Wilhelm II. entspannt hatte. Der Platz lag einst außerhalb der ersten Stadtmauer, denn diese verlief zwischen Altem Schloss und Innenministerium. Seit dem ausgehenden 14. Jahrhundert war das Gelände der Frau des jeweiligen Landesherren vorbehalten. Nach 1550 erhielt dieser so genannte »Garten der Herzogin« eine zeitgemäße Ausstattung im Renaissancestil mit einem kleinen Lustpavillon. Auch hier wurde die verfallene Pracht unter

Herzog Carl Eugen bis 1778 einge-ebnet und zu einem Platz gestaltet, der dann nach dem Herzog »Karls-platz« genannt wurde.

Bei der Einmündung der von der Breuninger-Passage herführenden Karlstraße in den Karlsplatz war frü-her eine wichtige Stadtmauer-Naht-stelle. Dort stieß die Mauer der neu-en Esslinger Vorstadt auf die alte Mauer der badischen Kernstadt.

Wir gehen nun durch die Doro-theenstraße rechts am Waisenhaus vorbei zum Charlottenplatz, wo wir auf dem Fußgängerüberweg die ähnlich einer Stadtautobahn ausge-baute Bundesstraße 14 überqueren. Etwas versteckt neben dem Hoch-haus befindet sich die Kanalstraße mit der Weinstube »Zur Kiste«.

Diese Straße lag unmittelbar in-nerhalb der Stadtmauer, durch die vor dem heutigen Hochhaus das **»Äußere Esslinger Tor«** hinaus zum Weg an den Neckar führte. Als 1748 Herzog Carl Eugen im Alter von 20 Jahren die gerade 16-jährige Elisabeth Friederike von Branden-burg-Bayreuth heiratete, schenkten die Stuttgarter dem Herzogspaar zur Verschönerung der Stadt zwei neue im Barockstil errichtete Stadt-tore. Das eine war das Büchsentor, das andere das Äußere Esslinger Tor. Durch dieses Tor ist in der Nacht vom 22. zum 23. September 1782 Friedrich Schiller nach Mannheim geflohen. Das Tor allerdings wurde gut zwei Jahrzehnte später abge-brochen und als »Königstor« am En-de der Königstraße wieder errichtet.

Die Kanalstraße hat nach dem Krieg einen Teil ihrer Bausubstanz behalten, darunter eben die »Kiste« und etwas weiter das **»Schriftstel-lerhaus«**. Alles andere ist der Spitz-hacke zum Opfer gefallen und »zeit-gemäß« wieder errichtet worden.

Wir gehen die Kanalstraße bis zum Ende weiter und dort über ein paar Treppenstufen nach links in die Charlottenstraße und dort rechts. Nach wenigen Metern gehen wir durch einen schmalen Durchlass nach rechts in die Weberstraße und folgen ihr fortan.

Die Weberstraße verlief ähnlich der Kanalstraße unmittelbar inner-halb der Stadtmauer. Bis 1604 war es nicht erlaubt, die linke Straßen-seite zur Mauer hin, wo es kleine Kräuter- und Gewürzgärten gab, zu bebauen, da dies im Belagerungsfall die Verteidigung der Mauer behin-dert hätte. Erst Herzog Friedrich I. hat dann den Hausbau zugelassen, allerdings unter der Bedingung, dass der Besitzer das Haus im Verte-idigungsfall unentgeltlich wieder ab-reißen würde. Doch dazu kam es nicht. Für die Bauherren bedeutete dies eine Baukostenminderung, denn in Gestalt der Stadtmauer war eine der vier Hauswände bereits vor-handen und man musste nur an-bauen.

An der Ecke Weber-/Rosenstra-ße fällt ein kleineres Haus mit Man-sarddach auf.

Dieses Haus geht im Kern noch auf das frühe 17. Jahrhundert zu-rück. Bei der jüngsten Renovierung hat man an seiner Rückfront ein kleines Stück der **Stadtmauer** rekonstruiert, um deren ehemaligen Verlauf zu zeigen. Das Haus steht etwas schief in der Rosenstraße, da diese erst im 19. Jahrhundert durch die bis dahin geschlossene Häuserzeile der Weberstraße weiter bergauf geführt wurde. In der Weberstraße sitzt das Haus »richtig«, nur in der Rosenstraße »stört« es die Häuserflucht. Hier sind also noch zwei Epochen der Stadtentwicklung deutlich ablesbar.

Wir sind nun mitten im **»Bohnenviertel«**, einem der urbansten Innenstadtquartiere. Hier wohnten früher die ärmeren Stuttgarter. Viele von ihnen hatten keinen Garten und so mussten die Blumenkästen vor den Fenstern dazu herhalten, zur Nahrungsbeschaffung beizutragen. Von Stockwerk zu Stockwerk waren Drähte gezogen, an denen die in den Blumenkästen gesteckten Bohnen emporwachsen konnten. Ein bequemeres Ernten kann man sich nicht vorstellen: Küchenfenster auf, Bohnen gepflückt und ab in den Topf! Trotzdem sprachen die Stuttgarter der anderen Viertel etwas verächtlich vom »Bohnenviertel«.

Bald überqueren wir die Brennerstraße und kommen zum Schellenturm.

Dieser ansehnliche Überrest der Stuttgarter Stadtmauer ist – im Krieg zerstört – erst 1980 wieder aufgebaut und als Weinlokal mit heimeliger Atmosphäre eröffnet

Der Schellenturm am Katharinenplatz

worden. Der Turm wurde ursprünglich 1564 als Kastkellereiturm – der Kastkeller verwaltete die herrschaftlichen Güter – von einem Baumeister mit Namen Hans Flach errichtet. Erst seit 1811 heißt er **»Schellenturm«**, da die »Schellenwerker« hier untergebracht waren. Das waren Leute, die wegen Straftaten zu öffentlichen Arbeiten verurteilt waren und an den Hosenbeinen Glöckchen, auch »Schellen« genannt, trugen.

Es lohnt sich, auch einmal die Treppe zur Katharinenstraße hinaufzugehen und den Schellenturm

Schießscharte der Stadtmauer in der Sophienpassage

»von außen«, das heißt von der einstigen Feldseite zu betrachten.

Er wirkt hier noch wehrhafter. Durch die Aufschüttung des Geländes bei der Anlage der Katharinenstraße ist allerdings das Erdgeschoss im Boden versunken, was den ursprünglichen Eindruck beeinträchtigt.

Vis-a-vis steht die **Englische Kirche**, auch Katharinenkirche genannt. Sie wurde 1868 durch den Bischof von Honolulu feierlich eingeweiht. Das Grundstück hatte die Witwe Dunbar Masson aus Bays-

water von der Stadt erworben und den Baumeister Heinrich Wagner mit dem Bau beauftragt. Das Gotteshaus ist heute Sitz der Altkatholischen Gemeinde.

Danach treffen wir auf die Pfarrstraße, etwas nach links versetzt gehen wir in der Katharinenstraße weiter bis zur Lazarettstraße, hier biegen wir erst nach rechts, dann gleich wieder nach links ab, wieder in die Weberstraße.

Beim Blick durch die **Weberstraße** fällt neben dem uralten Pflaster auf, dass die Straße nicht in einem Niveau durchgeführt ist, sondern wellenartig verläuft. Die Senkungen sind jeweils dort, wo Wege oder Gassen durch kleine Pforten aus der Stadtmauer hinausführten und wo heute Straßen liegen. Wir haben es hier mit einem der ältesten, nicht durch spätere Baumaßnahmen gestörten Straßenverlauf der Stuttgarter Innenstadt zu tun. Die Häuser zur Linken wurden einst mit ihrer Front gegen die Katharinenstraße auf die Stadtmauer gebaut oder die Mauersteine »recycelt« und die Neubauten damit errichtet.

Das nächste Sträßchen ist die Jakobstraße, in ihr gehen wir wieder nach links zur Katharinenstraße und hier nach rechts zum Wilhelmsplatz.

Außerhalb der Stadtmauer in freiem Gelände lagen in allen Städten die Häuser für Personen mit unheilbaren und ansteckenden Krankheiten. Herzog Ludwig hat 1572 aus Anlass einer Pestepidemie das Stuttgarter Lazarett ausbauen lassen, auf dass dort die Pestkranken abgesondert von der Bevölkerung gepflegt würden. Daneben gab es auch einen Friedhof. Er lag auf der linken Seite der heutigen Katharinenstraße im Bereich der Feuerwache Süd. Der Name **»Lazarettstraße«** erinnert noch daran. Die Katharinenstraße wurde erst 1838 unmittelbar vor der Stadtmauer angelegt. Wenn man sich die Häuser genauer anschaut, dann bemerkt man an einzelnen Häusern eine etwas stärkere Erdgeschossmauer. Am Gebäude Nr. 5 ist das Erdgeschoss besonders dick, es springt regelrecht in die Gehwegfläche vor. Hier ist das größte Stück der Stadtmauer im Gebäude noch erhalten.

Vorne an der Ecke zum **Wilhelmsplatz** stand wieder ein Eckturm, da hier die Mauer nach rechts umknickte, um im Zuge der Torstraße zur Eberhardstraße zu verlaufen. Dieser so genannte **»Weiße Turm«** oder »Nachrichterturm« hat seinen **Namen** von der Weißenburg oberhalb des Bopsers, aus deren Steinen er einst errichtet worden war, beziehungsweise nach seinem Bewohner, dem Nachrichter. So wurden die Scharfrichter genannt, die auf dem Wilhelmsplatz die Enthauptungen vollzogen haben. Die Hinrichtungsstätte wurde auch »Käs« genannt, da sie erhöht und von einer kreisrunden Mauer umgeben war.

Wir halten uns rechts, gehen in die Leonhardstraße und gleich wie-

Wieder aufgebauter Turmrest an der Torstraße

der links in die Richtstraße, die uns zur großen Kreuzung an der Hauptstätter Straße bringt.

Die **Richtstraße** erinnert mit ihrem Namen noch an die Wohnung des Scharfrichters. Sie ist wohl die kleinste historische Straße der Stadt. Aber auch sie wurde bei der großen Namensrevision 1811 von »Richtgasse« in »Richtstraße« umbenannt.

Wir überqueren erst den Wilhelmsplatz nach links zu dem Brunnen, dann die Hauptstätter Straße nach rechts zu dem Turmrest der Stadtmauer.

Die **Hauptstätter Straße** ist nach der »Hauptstatt«, also der Enthauptungsstätte, benannt. Sie wurde gegen Ende des 14. Jahrhunderts mit der Esslinger Vorstadt als großer Straßenmarkt angelegt. Als Vorbild diente der Prager Wenzelsplatz. Graf Eberhard der Milde hat wahrscheinlich die Pläne von einer zum Kaiser nach Prag unternommenen Reise mitgebracht. Zum Wilhelmsplatz hin öffnete sich ein doppeltürmiges Stadttor, das **»Hauptstätter Tor«**, von wo die Straßen auf die Filder in Richtung Degerloch und Vaihingen abgingen. Unmittelbar innerhalb des Tores stand ein kleines Giebelhaus, das noch vorhanden ist. Es ist das **ehemalige Armenhaus** mit der Nummer 49.

Jenseits der Kreuzung stoßen wir auf einen Stadtmauerrest in Form eines Halbturmes. Er diente zur Sicherung des Hauptstätter Tores und des Einlaufs des Nesenbachs in die Stadt – etwas weiter im Zuge

der Nesenbachstraße. Der Turmrest stand früher in Häuser eingebaut etwa in der Mitte der jetzigen Straßenfläche. Bei der Verbreiterung der Torstraße beim Bau der U-Bahn hatte man ihn abgetragen und eingelagert. Seit 1989 steht er als Brunnen an dieser Stelle. Er stammt aus der Mitte des 16. Jahrhunderts.

An der Nesenbachstraße steht das Giebelhaus mit dem Restaurant »Tauberquelle«. Es grenzte rückseitig ebenfalls an die Stadtmauer. Hier floss einst der **Nesenbach** in einem offenen Bett in die Stadt hinein und unten bei der Dorotheenstraße wieder hinaus. Im Zuge der Torstraße gab es ein kleines Brückchen über den Bach. Erst in der zweiten Hälfte des 19. Jahrhunderts wurde der Wasserlauf überwölbt und er verschwand aus dem Stadtbild.

Unvermittelt steht man vor dem **Tagblatt-Turm***, der seit 1928 als markantes Stadtzeichen 61 Meter in die Höhe ragt.*

Ernst Otto Osswald hatte nicht von ungefähr an dieser Stelle das Turmhaus geplant, stand hier doch schon seit dem Spätmittelalter der **Letzenturm mit dem Letzentor** an der Nahtstelle von Esslinger Vorstadt und Oberer Vorstadt. Wenn man den Straßenverlauf vor dem Tagblatt-Turm genau beobachtet, dann stellt man fest, dass sowohl die Steinstraße als auch die Torstraße abfallen und die Eberhardstraße den höchsten Punkt bildet. Hier sieht man wie sonst nirgendwo in der Stadt wenigstens andeutungs-

Stadtmauer mit Schießscharten in der Sophienpassage

weise den kompletten Wall des frühen 13. Jahrhunderts vor sich.

Rechts liegt als Eberhardstraße 53 das **Hegelhaus**, in welchem 1770 der Philosoph Georg Wilhelm Friedrich Hegel geboren wurde, und neben dem Tagblatt-Turm lesen wir an einer Tür »Schillers Wohnstätte 1780–1782«.

Wir spazieren nun die Torstraße, später die Eberhardstraße entlang bis zur Tübinger Straße. Hier halten wir uns links, biegen aber in die übernächste Straße, die Krumme Straße, nach rechts ein.

Zwischen der Einmündung von Kleiner Königstraße und Krummer Straße stand bis zum Abbruch 1818 inmitten der Tübinger Straße das **Seeltor**. In der Krummen Straße sehen wir nach der Biegung auf der rechten Seite hinter den Parkplätzen auf ein Stück Stadtmauer. Wer genau hinsieht, entdeckt sogar Schießscharten – wir stehen außerhalb der historischen Stadt im ehemaligen Befestigungsgraben. Innerhalb der Mauer lagen früher Obstwiesen und die Gemüsegärten der Häuser an der Marienstraße. Das Mauerstück stammt aus dem 16. Jahrhundert.

Durch die Krumme Straße gelangen wir zur Sophienstraße. Etwas nach rechts versetzt steigen wir auf der anderen Straßenseite ein paar Stufen hoch in die Marienpassage.

Nun erreichen wir in einem Innenhof das mit 25 Metern Länge und bis zu fünf Metern Höhe größte zusammenhängende **Stadtmauerstück** des alten Stuttgart. Die Mauer stammt aus den 1560er-Jahren und bildet die Fortsetzung des Stückes an der Krummen Straße. Als Gartenmauer zwischen zwei Grundstücken hat sie die Zeiten mitsamt der Schießscharten überdauert.

Wir gehen weiter bis zur Paulinenstraße, ihr folgen wir nach rechts zur Rotebühlstraße. Auf der anderen Straßenseite steht der Rotebühlbau.

Direkt vor seinem linken Flügel stand in der Mitte der Rotebühlstraße das so genannte **Rotebild-Tor** aus dem 15. Jahrhundert. Es hatte von einem roten Heiligenbild seinen Namen. Wie auch heute noch war die in Richtung Leonberg und in den Schwarzwald führende Straße eine der Hauptverkehrsachsen von der Stadt hinaus ins Land. Allmählich hat sich dann im Volksmund der Name »Rotebild« in »Rotebühl« verwandelt. Der mit jeweils 150 Meter Flügellänge riesige **Rotebühlbau** ist 1827 bis 1843 als Infanteriekaserne entstanden. In deren Hof hat 1914 König Wilhelm II. die württembergischen Truppen in den Ersten Weltkrieg verabschiedet. Nach dem Bericht von Augenzeugen hatte der Monarch dabei Tränen in den Augen, wohl ahnend, dass nur ein kleiner Teil der Männer die Heimat wiedersehen sollte.

Links vom Rotebühlbau nehmen wir die nach rechts abgehende Herzogstraße.

Gleich an deren Anfang steht eine hochaufragende Stele mit einem Adler als Bekrönung. Sie wur-

de als so genanntes **»Siebener-Ehrenmal«** für die Gefallenen des »Infanterie-Regiments Kaiser Friedrich (7. württ.) Nr. 125« im Jahr 1919 enthüllt. Die Adlerfigur ist ein Werk des Bildhauers Fritz von Graevenitz.

Vom Rotebild-Tor aus verlief die Stadtmauer in einem großen Viertelsbogen zum heutigen Berliner Platz. Auf dem Weg dorthin können wir wegen der späteren Stadtplanung und den veränderten Grundstücksverhältnissen nicht mehr dem exakten Verlauf der Mauer folgen.

Wir gehen am Siebener-Ehrenmal rechts in die Herzogstraße hinein und an der nächsten Verzweigung nach rechts in die Weimarstraße, der wir bis zur Leuschnerstraße folgen.

Ungefähr in der Mitte der Weimarstraße liegt rechts die **Robert-Mayer-Schule**, eine Gewerbeschule mit dem Ausbildungsschwerpunkt Metalltechnik. Das Gebäude stammt aus dem Jahr 1910 und besitzt einen offenen Treppenaufgang im Stil des über drei Jahrhunderte zuvor von Georg Beer errichteten Neuen Lusthauses, von dem ein Ruinenrest in den Mittleren Schlossgartenanlagen einen Eindruck zu geben vermag. Theodor Fischer verarbeitete dieses Treppenmotiv wenig später ebenfalls beim Gustav-Siegle-Haus.

An der Kreuzung mit der Leuschnerstraße gehen wir diese nach rechts, überqueren die Fritz-Elsas-Straße und die Stadtbahngleise, und erreichen bald die Büchsenstraße, wo wir auf die Schlossstraße treffen.

Im Bereich der Weimar- und der Leuschnerstraße war die Fläche innerhalb der Stadtmauer nie besiedelt. Hier gab es nur Gärten und Baumwiesen. Die nächsten Wohnhäuser waren weit genug entfernt, dass hier in einem Turm das Pulver gelagert wurde; so konnte bei einer Explosion kein Schaden entstehen. Diese Gegend wurde **»Bollwerk«** genannt in Erinnerung an die einstigen Befestigungsanlagen. Sie war so entlegen, dass hier im 16. Jahrhundert von der Stadtverwaltung Abfallgruben ausgewiesen wurden. Dennoch kämpften angrenzende Grundstücksbesitzer jahrzehntelang für eine Verlegung wegen Geruchsbelästigung.

Da dieser Teil der Stadt der höchstgelegene innerhalb des Mauerrings war, hat Herzog Carl Eugen anfänglich überlegt, ob er sein Neues Schloss nicht hier errichten soll – die Bürger hätten dann absolutistisch »richtig« zu seinen Füßen gelebt. Die fraglichen Grundstücke waren in Privatbesitz der Stuttgarter und diese waren sich des Wertes ihrer »Gütle« durchaus bewusst, besonders wenn der Herzog persönlich als Käufer in Aussicht stand. Carl Eugen entschied sich schließlich, sein

Schloss auf seinem eigenen Grund und Boden im ehemaligen Lustgarten zu errichten. 1746 legte er dort eigenhändig den Grundstein.

Im ausgehenden 18. Jahrhundert war das **Hartmann-Haus**, das ungefähr an der Ecke Leuschner-/Fritz-Elsas-Straße stand, einer der wichtigen gesellschaftlichen Treffpunkte Stuttgarts. Es lag noch innerhalb der Stadtmauer und gehörte dem Hofrat Johann Georg Hartmann. Bei ihm verkehrten Goethe, Lavater, Schiller, Jung-Stilling

Das Landesgewerbeamt steht auf dem früheren Bauhofgelände.

und viele andere. Von 1795 bis 1809 verbrachte Fürstin Luise von Anhalt-Dessau alljährlich einige Monate bei Hartmann, weil sie die Idylle des Gartens mit seinen Lauben und Pavillons so sehr liebte. Der ausgedehnte Garten reichte bis zur Stadtmauer, die schon teilweise verfallen war und so dem damaligen Bedürfnis nach verklärender Romantik ideal entsprach. Die Mauer wurde 1851 abgetragen. Das Hartmann-Haus, in dem 1827 der Dichter Wilhelm Hauff gestorben ist, musste 1874 dem Bau der Schloss-Realschule weichen.

Im Bereich des Berliner Platzes, der Liederhalle und bis hinunter zur heutigen Friedrichstraße lagen unmittelbar vor der Stadtmauer zwei Seen, die vom Wasser des Vogelsangbaches gespeist wurden. Der eine war schon um 1695 weitgehend verlandet und wurde **»Binsenseele«** genannt, der andere musste 1737 trockengelegt werden, da man in ihm eine Ursache für das grassierende Wechselfieber vermutete.

An der Einmündung der Büchsenstraße überqueren wir die Schlossstraße und gehen diese dann auf der linken Straßenseite weiter abwärts.

Nun gehen wir wieder exakt parallel zum einstigen Verlauf der Stadtmauer. Das **Büchsentor** war ein wichtiger Eingang in die Residenzstadt. Immer wieder zogen die Herzöge durch dieses Tor in die Stadt ein. Jenseits der Seen gab es

Der Schlossplatz gehörte ursprünglich zum Lustgartengebäude und war teilweise bebaut.

ausgedehnte flache Wiesen, wo sich die Herzöge mit ihrem Gefolge für den Einzug formieren konnten. 1575 betraten Herzog Ludwig und seine Gemahlin Dorothea Ursula hier die Stadt und 1748 folgte Herzog Carl Eugen mit seiner jungen Frau Elisabeth Friederike diesem Beispiel. Aus diesem Anlass hatten die Stuttgarter das Büchsentor wie das Äußere Esslinger Tor im barocken Geschmack neu errichten lassen. 1855 wurde es als Letztes der historischen Stadttore abgebrochen. Der Name Büchsentor rührt von einem 1569 neu erbauten Schützenhaus her, wo man mit »Büchsen« geschossen hat.

Während unseres Spazierganges durch die Schlossstraße sehen wir rechts das prächtige Gebäude des **Landesgewerbeamts**. Es ist 1889 bis 1896 nach Plänen des Architekten Skjöld Neckelmann als Museumsgebäude errichtet worden. Seine repräsentative Fassade ist mit Porträtreliefs bedeutender Persönlichkeiten Württembergs geschmückt. Heute dient es als **Haus der Wirtschaft** Baden-Württembergs. Im 16. Jahrhundert lag an dieser Stelle der herzogliche Bauhof und später eine Kaserne mit Garnisonskirche.

Kurz danach kommen wir zum Gustav-Heinemann-Platz sowie noch etwas weiter an der Stuttgarter Börse vorbei zur Rotunde des Varieté-Theaters Friedrichsbau. Wir unterqueren die Friedrichstraße und gelangen durch die Bolzstraße zum Schlossplatz.

Wollen Sie mit einem Autor dieses Buches die Grenzen Stuttgarts bei Spaziergängen und Wanderungen erkunden?

Harald Schukraft zeigt Ihnen zu ausgewählten Themen der Stuttgarter und württembergischen Geschichte die Stadt, z.B.:

- ➢ Rundgang auf den Spuren der Stadtmauer
- ➢ Stadtwanderung auf der alten Stadtgrenze, von Ruhbank zum Ostendplatz oder von den Mineralbädern nach Botnang
- ➢ Der Pragfriedhof – erster „Centralfriedhof"
- ➢ Leonhardskirche oder Markuskirche mit Fangelsbachfriedhof

Wir bieten diese und andere Stadtrundgänge jeweils im aktuellen Jahresprogramm KULTUR UND WANDERN an, das wir Ihnen gerne zusenden.

Hier finden Sie auch unser Angebot an Tagesfahrten und größeren Reisen – zum Beispiel Ausstellungssonderfahrten, Reisen ins ehemals württembergische Mömpelgard in Frankreich oder nach Rumänien.

Bei allen Veranstaltungen gibt es eine begrenzte Teilnehmerzahl – eine Anmeldung ist deshalb immer erforderlich.

KULTUR UND WANDERN
MICHAEL KÜHLER
* STADTRUNDGÄNGE * TAGES- + MEHRTAGESFAHRTEN *
GUTENBERGSTRASSE 106

70197 STUTTGART
TELEFON (07 11) 6 15 98 18, FAX 6 60 16 10
KULTUR.WANDERN@T-ONLINE.DE
WWW.KULTURUNDWANDERN.DE

Etwa im Bereich des Fußgängerüberwegs über die Friedrichstraße befand sich früher das **Seegassentor**. Vor dem Tor verlief auch der Staudamm des bereits erwähnten größeren Sees, der 1737 abgelassen wurde. Auf den Seewiesen ist später der Stadtgarten und der Campus der Technischen Hochschule angelegt worden.

In der Bolzstraße kommen wir am **Alten Stuttgarter Bahnhof** vorbei. Der älteste Teil von 1846 ist die schlichte Fassade mit der Durchfahrt in die Stephanstraße, die Erweiterung 1867 fiel dann schon etwas repräsentativer aus. Aus dieser Zeit stammt der Säulenvorbau des Metropol-Kinos. 1922 wurde der Bahnhof an seinen heutigen Standort verlegt.

Bei der Einmündung der Bolzstraße in die Königstraße stand seit etwa 1490 das **Siechentor**. Der Name steht in Zusammenhang mit einem Hospital für Leprakranke, dem so genannten »Siechenhaus«, das ungefähr beim heutigen Pusteblumenbrunnen auf der Kreuzung König-/Thouretstraße lag.

In seiner heutigen Gestalt ist der **Schlossplatz** eine Schöpfung aus dem 19. Jahrhundert. Früher standen dort »Funktionsgebäude« des Herzogs, wie zum Beispiel das Falkenhaus und das Jägerhaus. Erst 1818 wurden alle Bauten abgerissen und der Vorplatz des Neuen Schlosses zur Königstraße hin geöffnet. Die jetzige Platzanlage geht auf den königlichen Gartendirektor Friedrich Wilhelm Hackländer zurück, der zu Beginn der 1860er-Jahre die in den Schnee getretenen Trampelpfade der Passanten als Grundlage für das noch heute vorhandene Wegesystem nahm. Die Schalenbrunnen mit den Figuren, welche die württembergischen Flüsse verkörpern, wurden 1861 aufgestellt. Als sie von Wasseralfingen nach Stuttgart transportiert werden sollten, passten sie nicht durch das Königstor am unteren Ende der Königstraße. Die einzige Möglichkeit, die Brunnen doch noch in die Stadt zu bekommen, bestand darin, das nordwestliche Wachhäuschen des Tores teilweise abzubrechen und die Brunnen um das Tor herum zu fahren.

An der Einmündung der Stauffenbergstraße in den Schlossplatz stieß die Mauer der Oberen Vorstadt auf die Lustgartenmauer – der Kreis war damit geschlossen.

Durch die Königstraße gehen wir zurück zum Bahnhof, unserem Ausgangspunkt.

- **Länge:**
Etwa 4 ½ Kilometer.

- **Zeit:**
Etwa 2 Stunden.

- **Charakter:**
Stadtspaziergang, der an Stadtmauerresten und zahlreichen historischen Gebäuden und Häusern aus der Zeit des Historismus vorbeiführt.

Teil 2
Rund um das Stuttgart
des 19. Jahrhunderts

Kleine Stuttgarter Grenzsteinkunde

Grenzsteine tauchen erstmals im 15. Jahrhundert auf. Wegen der damals zunehmenden Bevölkerungsdichte war es notwendig geworden, den Besitz von Einzelpersonen, Gemeinden oder Territorien genauer zu bezeichnen. Vorher waren die einzelnen Ortschaften so weit auseinander, dass es natürliche Grenzsäume zwischen ihnen gab, die keiner Bezeichnung bedurft hatten. Nun kam man sich durch Siedlungsneugründungen »ins Gehege«.

Normalerweise stehen Grenzsteine immer so weit auseinander, dass von jedem Stein die beiden benachbarten mit bloßem Auge problemlos gesehen werden können. Die Grenzlinie zwischen den einzelnen Steinen ist immer eine Gerade. Läuft die Grenze im Zickzack, so muss an jedem Punkt, an dem ihr Verlauf die Richtung ändert, der nächste Grenzstein stehen. Oben auf jedem Grenzstein ist durch eine Kerbe der exakte Grenzverlauf abzulesen. Anhand dieser Kerbe sieht man, in welchen Richtungen sich die benachbarten Steine befinden.

Auf den Seiten der Steine sind entweder Wappensymbole – im Fall von Stuttgart das »Rössle« – oder eine Buchstabenkombination als Hinweis auf die aneinander grenzenden Gebiete eingehauen. Stuttgart wird zum Beispiel mit ST abgekürzt, Gaisburg mit GB. Nummernangaben können variieren, da immer wieder zwischen die bestehenden Grenzsteine neue gesetzt wurden, so dass bei einer Neuzählung andere Zahlen festgehalten wurden. Zumeist findet man auch die Jahreszahl der Aufstellung des Steins eingemeißelt.

In Stuttgart lag der Nullpunkt zur Zählung der Grenzsteine in Gablenberg etwa an der Ecke Wagenburg-/Bergstraße. Von dort aus wurde sowohl nach Osten wie nach Westen von Nummer 1 ab gezählt. Beide Zählreihen stießen am Nesenbach kurz vor Kaltental zusammen.

Da Grenzsteine ein wichtiges Rechtszeugnis darstellten, war deren unrechtmäßige Versetzung ein schweres Verbrechen. In der württembergischen Landordnung aus dem 16. Jahrhundert heißt es, wer einen Markstein versetze, habe seine Ehre, seinen Leib und sein Gut verwirkt. Nicht immer wurde jedoch die Todesstrafe ausgesprochen, manchmal wurde auch nur die

Entlang des Feuerbachs stehen noch einige Grenzsteine »auf Sicht«.
Sie stammen überwiegend aus dem 19. Jahrhundert.

Hand abgehackt oder man musste auf eigene Kosten den Stein wieder an der richtigen Stelle aufstellen lassen und zudem eine saftige Strafe bezahlen. Um frevelhaften Grenzveränderungen auf die Spur zu kommen, unterhielt jede Gemeinde einen so genannten »Untergänger« zur regelmäßigen Kontrolle der Grenzsteine. Sollte tatsächlich einmal ein »verrückter« Grenzstein festgestellt werden, so war dessen »richtiger« Standpunkt ohne Weiteres festzustellen. Zu diesem Zweck waren tief im Boden kleine zumeist aus Ton gefertigte »Zeugensteine« vergraben, durch welche von den Untergängern die genaue Grenzsteinlage erschlossen werden konnte.

Bis in die Zeit um 1900 fanden regelmäßig Markungsumgänge unter Beteiligung der Öffentlichkeit statt. Dabei wurden alle Steine geprüft und das Ergebnis in ein Protokoll aufgenommen. Was viele nicht wissen: Noch heute steht auf das Verrücken oder Verändern eines Grenzsteins eine Geldstrafe oder sogar Gefängnis!

Grenzsteine sind heute immer noch in Gefahr abhanden zu kommen. Immer wieder werden sie bei Holzeinschlägen im Wald oder bei der Feldarbeit mit schweren Maschinen beschädigt oder zerstört. Seit der württembergischen Landvermessung im frühen 19. Jahrhundert und noch mehr heute durch die exakten Messmethoden haben

Alter Grenzstein im Buchwald

die Grenzsteine in der Regel ihren Rechtsstatus verloren. Die genauen Grenzverläufe sind auf Messtischblättern festgehalten und mit technischen Mitteln jederzeit im Gelände zweifelsfrei nachzuvollziehen.

Grenzsteine sind wichtige Zeugen der Geschichte, da sie an vielen Stellen historische Grenzen anzeigen, die längst vor der Einführung der exakten Vermessung aufgehoben wurden. Diese alten Grenzverläufe lassen sich vielfach nur noch über die Steine nachvollziehen. Daher gehören Grenzsteine zu den in hohem Maße schützenswerten Kleindenkmalen.

Die Grenzwanderung um die historische Stuttgarter Markung zeigt uns die Ausdehnung des Stadtgebietes und deren Grenzverlauf um 1850. Jahrhundertelang

hatte sich die Markung der württembergischen Hauptstadt nicht verändert. Erst als 1836 der Kammerort Berg der Verwaltung Stuttgarts zugeschlagen wurde, gab es eine kleine Korrektur. Die Gesamtfläche betrug damals knapp 3000 Hektar. 1852 lebten hier ungefähr 50 000 Einwohner.

Immer mehr Menschen zogen nach Stuttgart und im Jahr 1900 war die Bevölkerungszahl bereits auf etwa 177 000 angewachsen. Dringend benötigte die Stadt Erweiterungsflächen. Der 1895 eröffnete Nordbahnhof hatte schon auf Cannstatter Markung gebaut werden müssen.

Im Verlauf von 41 Jahren – zwischen 1901 und 1942 – vergrößerte sich das Stadtgebiet auf seine heutige Ausdehnung, die in elf Teilabschnitten umwandert werden soll. Den Anfang der Eingemeindungen machte 1901 Gaisburg, dann folgten 1905 Cannstatt, Untertürkheim und Wangen, bis drei Jahre später Degerloch diese erste Phase vor dem Ersten Weltkrieg beschloss. Eine zweite Welle begann 1922, als neben dem Gelände des Rot- und Schwarzwildparks die Orte Botnang, Kaltental, Hedelfingen und Obertürkheim zu Stuttgart kamen, es folgten 1929 Hofen und 1931 Zuffenhausen, Münster und Rotenberg. All diese bis jetzt genannten Eingemeindungen fanden auf demokratische Weise durch Beschlüsse der Gemeinderäte statt. Das änderte sich mit der Machter-

Grenzstein beim Frauenkopf

greifung der Nationalsozialisten im Januar 1933. Nun machten die von Staat und Partei eingesetzten Gemeindevertreter die Sache unter sich aus, die Gemeinderäte hatten keinen direkten Einfluss mehr auf das Geschehen. Vor dem Ausbruch des Zweiten Weltkriegs wurden 1933 Feuerbach, Weilimdorf, Mühlhausen und Zazenhausen sowie 1937 Heumaden, Rohracker, Sillenbuch und Uhlbach zu Stuttgart geschlagen.

Mitten im Krieg 1942 lag die Sache noch einmal anders, denn es gab eine vom Reichsinnenminister erlassene Eingemeindungssperre, da man befürchtete, derartige Maßnahmen wären geeignet, in der Bevölkerung Unruhe hervorzurufen. Stuttgarts Oberbürgermeister Strölin konnte die Befürchtungen zer-

streuen und eine Ausnahmegenehmigung erwirken. So kamen am 1. April 1942 noch Birkach mit Riedenberg, der Fasanenhof, Möhringen, Plieningen, die Solitude, Stammheim sowie Vaihingen mit Rohr zum Stadtgebiet hinzu. Als neue südliche Grenze Stuttgarts wurde die Reichsautobahn festgelegt, woran sich im Wesentlichen bis heute nichts geändert hat. Die Gesamtfläche beträgt nun annähernd 21 000 Hektar. Kleinere Grenzkorrekturen zwischen Stuttgart und seinen Nachbargemeinden finden immer wieder statt, sie fallen hier jedoch nicht ins Gewicht.

Die ursprüngliche Markung, die bis 1901 Gültigkeit hatte und die wir nun umwandern wollen, entspricht überwiegend den heutigen Stadtbezirken Mitte, Nord, Ost, Süd und West.

Neuer Grenzstein in der Feldflur bei Kornwestheim

Abschnitt 1

Vom Nordbahnhof bis Kaltental

- **Ausgangspunkt:**

S-Bahn- und Straßenbahnstation Nordbahnhof (S 4, S 5, S 6, Straßenbahn 15, Buslinien 55, 56).

- **Endpunkt:**

Stadtbahnstation Heslach Vogelrain (U 1, U 14, Buslinie 92).

- **Wegverlauf:**

Von der S-Bahn-Station gehen wir zum Ausgang Nordbahnhofstraße und in dieser rechts. Wir unterqueren zwei Bahnbrücken und gehen unmittelbar vor der dritten Bahnbrücke auf dem Fußweg – nicht auf der asphaltierten Straße – rechts bergauf. In diesem Bereich ist es heute nicht mehr möglich, dem exakten Grenzverlauf zu folgen, da die Geländeverhältnisse durch den Eisenbahnbau völlig verändert worden sind. Unser Weg verläuft aber stets möglichst in Grenznähe, auch wenn kein direkter Grenzweg vorhanden ist.

Parallel zur Brücke der Gäubahn überqueren wir auf einem eisernen Steg die Gleise des Güterbahnhofs.

Wenn wir den Blick nach rechts wenden, schauen wir auf die experi-

mentellen Wohnhäuser, die 1993 zur **Internationalen Gartenbau-Ausstellung** IGA unter dem Motto »Wohnen 2000« entstanden sind. Dahinter erblicken wir den Aussichtspunkt im Leibfriedschen Gelände und die Höhe des Burgholzhofes.

Auch nach der Brücke gehen wir an den Gleisen der Gäubahn immer geradeaus weiter, bis der Weg nach rechts umknickt und, nochmals

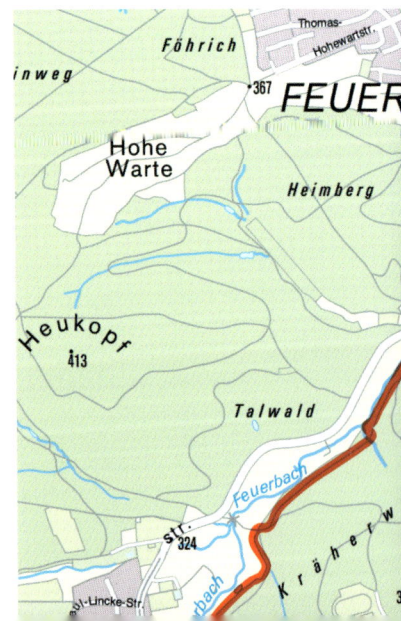

über Gleise hinweg, zur Presselstraße führt.

Das markante Eckhaus mit der Nummer 21 stammt noch aus der Gründerzeit und erinnert an die erste Bauphase in dieser Gegend, die einst zur Gemarkung Cannstatt gehört hat. Die hier eingerichtete Gaststätte trägt sinnigerweise den Namen »Nordpol«.

Wir gehen in der Presselstraße zwischen Verwaltungs- und Hotelneubauten hindurch bis zur Heilbronner Straße. Wir überqueren diese an der Ampel bei der Stadtbahnhaltestelle »Eckartshaldenweg« und gehen auf der anderen Straßenseite nach links und dann nach rechts in die Mönchhaldenstraße.

Wir haben nun wieder den historischen Grenzverlauf erreicht, dem wir fortan folgen. Nach wenigen Schritten zweigt in der Mönchhaldenstraße rechts der Eckartshaldenweg ab, den wir bergauf gehen.

Die Markungsgrenze ist heute durch die rechts sichtbare Werner-Siemens-Gewerbeschule überbaut. Immer wieder haben wir nach rechts einen schönen Blick auf die **Weißenhof-Siedlung**, insbesondere auf das Doppelhaus von Le Corbusier.

Nach einer langen Rechtskurve stößt der Eckartshaldenweg weiter ansteigend auf die Birkenwaldstraße.

Direkt gegenüber lag seit 1779 der **»Weißenhof«**. Bäckermeister Georg Philipp Weiß hatte damals am Rand der Feuerbacher Heide ein großes Gelände erworben und eine

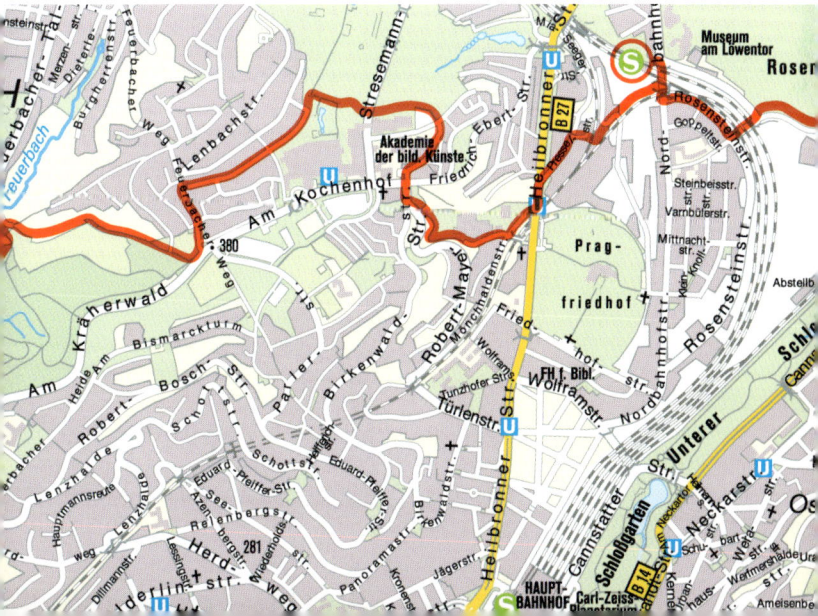

Meierei mit Gasthaus erbaut, die bald ein beliebtes Ausflugsziel wurde. Besonders gerühmt wurde die schattige Gartenwirtschaft unter großen Nussbäumen und die prächtige Aussicht über die Eckartshalde und den Rosensteinpark weit ins Neckartal hinein. Das Gelände des Weißenhofs ist erst nach dem Zweiten Weltkrieg mit Wohn- und Geschäftshäusern überbaut worden.

An der Birkenwaldstraße gehen wir rechts und kommen zur Hermann-Lenz-Höhe.

Der Aussichtspunkt mit Blick ins Neckartal wurde 2001 nach dem 1913 in Stuttgart geborenen Schriftsteller benannt, dessen Romane und Erzählungen häufig einen Bezug zu seiner Heimatstadt haben. Hermann Lenz hatte bis 1975 in der Birkenwaldstraße gewohnt. 1998 ist er in München gestorben. Das hier angebrachte Zitat »Vor deiner Haut beginnt die Fremde« stammt aus seinem Roman »Die Augen eines Dieners«, der 1964 erschienen ist.

Wir überqueren bei der Ampel die Friedrich-Ebert-Straße und gehen geradeaus auf dem Platz vor der Kunstakademie bis zur Straße »Am Weißenhof«.

Der Altbau der **Akademie der Bildenden Künste** wurde 1913 vom Architekturbüro Eisenlohr und Pfennig unter maßgeblicher Beteiligung des langjährigen Akademiedirektors Bernhard Pankok erbaut. Die beiden Erweiterungsbauten sind nach dem Zweiten Weltkrieg dazugekommen.

Wir gehen auf der Straße »Am Weißenhof« rechts in die Weißenhof-Siedlung hinein.

Auf Anregung des Deutschen Werkbundes wurde die Siedlung im Rahmen des Wohnungsbauprogramms der Stadt Stuttgart 1927 errichtet. Der Bebauungsplan stammt vom Berliner Architekten Ludwig Mies van der Rohe, die Bauleitung oblag dem Stuttgarter Richard Döcker. Die namhaftesten Architekten der Zeit lieferten die Entwürfe für die zu errichtenden Wohnhäuser, darunter Le Corbusier, Walter Gropius, Hans Scharoun, Peter Behrens und Hans Poelzig. Beim Blick in den Pankokweg schauen wir auf die Einfamilienreihenhäuser des niederländischen Architekten J. J. P. Oud (Pankokweg 5–9). Sie besitzen vier Zimmer mit einer Gesamtwohnfläche von knapp 74 Quadratmeter. Geradeaus blicken wir auf das viergeschossige Mehrfamilienreihenhaus von Ludwig Mies van der Rohe (Am Weißenhof 14–20) und weiter unterhalb erreichen wir die drei Reihenhäuser von Mart Stam (Am Weißenhof 24–28), deren Fassadenanstrich originalgetreu wiederhergestellt wurde. Am Ende der Straße »Am Weißenhof« stoßen wir auf das Gebäude mit der Nummer 30, das Peter Behrens geschaffen hat.

Nachdem die **Weißenhof-Siedlung** wegen ihrer Flachdächer schon bald als »Vorstadt Jerusalems« verunglimpft worden war und 1938 zu Gunsten eines Neubaus des Wehrbereichskommandos hätte abgerissen

Die Weißenhofsiedlung ist 1927 auf Stuttgarter Gemarkung unmittelbar an der historischen Grenze zu Cannstatt entstanden.

werden sollen, schlug der Zweite Weltkrieg tiefe Wunden in das einzigartige Architekturensemble. Erst in den achtziger Jahren des 20. Jahrhunderts wurden die erhaltenen Originalgebäude restauriert und in der Siedlung ein Dokumentationszentrum eingerichtet. Die Weißenhof-Siedlung gehört heute zu den bedeutendsten Schöpfungen der modernen Architektur in der Welt und wird jedes Jahr von einer großen Zahl zumeist ausländischer Gäste besucht.

Beim Gebäude Am Weißenhof 30 mündet von links die Oskar-Schlemmer-Straße ein. Wir gehen rechts davon zwischen dem eingezäunten Messeplatz und dem öffentlichen Kinderspielplatz hindurch und sind nun direkt auf der ehemaligen Grenze.

Rechts unter uns liegt das 1993 im Rahmen der IGA als Parkanlage gestaltete Wartberggelände.

Auf dem Weg erreichen wir bald eine Wegegabelung, wo wir uns rechts halten und durch die Unterführung unter der Stresemannstraße hindurch zum Killesbergpark gelangen. Unmittelbar dahinter gehen wir auf dem rechten Weg weiter, wo wir schon bald die breite Treppenanlage vor uns sehen, die wir hinaufsteigen, um dann linker Hand an der Thomastraße den Park wieder zu verlassen.

Etwa an dieser Stelle stießen früher die Markungen von Cannstatt, Feuerbach und Stuttgart zusammen. Hier lag das so genannte »Grenzhaus«, das zeitweilig auch einer Straße den Namen gab. Die Gegend war

Der filigrane Killesbergturm ist ein Werk des Architekten Jörg Schlaich.

großer Teil des späteren Parkgeländes »Judenheide« genannt, was auf einen mittelalterlichen jüdischen Bestattungsplatz hinweisen könnte. Der Name **»Killesberg«** taucht vor 1900 auf keiner Landkarte auf, erst danach wird die Bezeichnung gebräuchlich. Es mag sein, dass die »Killen«, ein altes Wort für »Hasen«, Pate standen, wonach der »Killesberg« nichts anderes als »Hasenberg« bedeuten würde. Kurzum: Man weiß nicht genau, was dahinter steckt.

Große Bedeutung hatte der Untergrund unter der **Feuerbacher Heide**, denn der hier anstehende Schilfsandstein ist recht feinkörnig und fest, so dass er sich bestens als Werkstein zum Bauen und zur Steinbildnerei eignet. Seit vielen Jahrhunderten wurde der Stein abgebaut und aus dem Jahr 1518 ist bereits eine schriftliche Regelung des Steinbruchbetriebs überliefert. Auf allen drei Markungen gab es Steinbrüche, von denen unter anderem die Felswände hinter dem Messeparkhaus »Rote Wand« noch Zeugnis ablegen. Die tiefsten und flächenmäßig größten Brüche lagen im heutigen Parkgelände. Mit den hier gebrochenen Steinen wurden neben vielen bürgerlichen Bauten beispielsweise das Alte Schloss, Teile der Stiftskirche und der Königsbau errichtet.

Die Steinbrüche waren bis ins 20. Jahrhundert hinein in Betrieb, aber schließlich lag das Gelände brach und diente vor allem Kindern als nicht ungefährlicher Spielplatz, weil immer wieder Abraumhalden

entlegen und trocken, sie galt lange als unfruchtbar. Erst seit den 1770er-Jahren siedelten sich hier oben neben dem Weißenhof noch weitere Bauernhöfe an, so zum Beispiel der Mühlbachhof und der Kochenhof. Um 1800 schrieb der Historiker Christoph Meiners: »Das Obst und Gemüse aus diesem Berggarten soll schmackhafter als aus den Gärten um Stuttgart sein, weil es mehr Sonne und Luft als in dem engen Tale der Hauptstadt genießt.«

Bis in die dreißiger Jahre des 20. Jahrhunderts hinein wurde ein ins Rutschen kamen. 1935 wurde von der Stadt Stuttgart ein Ideenwettbewerb für die Gestaltung der Reichsgartenschau vier Jahre später ausgeschrieben. Als Gewinner ging der Berliner Gartenarchitekt Hermann Mattern daraus hervor, dessen Handschrift der Killesbergpark bis heute trägt. Die Reichsgartenschau ist am 1. September 1939 durch den Ausbruch des Zweiten Weltkriegs abrupt beendet worden. Die von Gerhard Graubner errichteten Bauten wurden fast vollständig vernichtet, der Park konnte sein Gesicht trotz aller Bombeneinschläge jedoch bewahren und gilt als das beste Beispiel einer Parkanlage der Dreißigerjahre. 1950 fand auf dem Killesberg die erste Nachkriegs-Gartenschau in Stuttgart statt, zu der ein Sessellift eingerichtet wurde, den man inzwischen leider wieder beseitigt hat. Die beiden Lokomotiven »Tazzelwurm« und »Blitzschwoab« jedoch ziehen nach wie vor die kleinen Waggons mit den Besuchern durch den Park.

Frühling im Killesbergpark

Ein zutiefst trauriges Kapitel ist die Deportation von ungefähr 2000 Stuttgarter Juden in den Jahren 1941/42 vom **»Sammelplatz Killesberg«** in die Lager in Polen und ins Baltikum. Nur ganz wenige haben das Martyrium überlebt. Zur Erinnerung und Mahnung wurde 1962 durch die Stadt Stuttgart ein Gedenkstein enthüllt.

Hinter dem Parktor gehen wir – immer auf der ehemaligen Grenze – links durch die Thomastraße immer weiter und sehen bald linker Hand die 1933 als Antwort auf die Weißenhofsiedlung errichtete »Kochenhofsiedlung«.

23 Architekten der »Stuttgarter Schule« zeichneten für die insgesamt 25 Einzelhäuser verantwortlich, darunter Paul Bonatz, Paul Schmitthenner und Wilhelm Tiedje. Unter dem Titel »Das Stadthaus aus Holz« sollten die zweigeschossigen und meist mit Holz verschalten Gebäude zum Inbegriff für »Deutschtum und Bodenständigkeit« werden. Ihre Gegner belächelten die **Kochenhofsiedlung** und nannten sie despektierlich »Holzwurmsiedlung«.

Am Ende der Thomastraße erreichen wir über ein paar Treppen den Feuerbacher Weg.

Der Bismarckturm kann bestiegen werden und lohnt einen Abstecher.

Er ist ein Teil des uralten Fernverbindungsweges vom Stuttgarter Tal in Richtung Norden, als die Lasten noch eher getragen als auf Wagen gefahren wurden. Fußgänger nahmen stets den kürzesten Weg unabhängig von seiner Steilheit. Noch weit ins 20. Jahrhundert hinein transportierten die Markt- und Milchfrauen ihre Waren über den Feuerbacher Weg in die Landeshauptstadt.

Auf dem Feuerbacher Weg wenden wir uns nach links und gehen bis zur Ampelanlage, wo die Straßen »Am Kochenhof« und »Am Kräherwald« aufeinander treffen.

Gegenüber schauen wir auf die »Feuerbacher Heide«, die so heißt, obwohl sie zur Stuttgarter Markung gehörte. Irgendwo in diesem Bereich soll sich einst ein Hexentanzplatz befunden haben, denn als am 3. August 1562 um elf Uhr mittags über Stuttgart ein furchtbares Gewitter niederging, das einer Kuh und zwei Pferden den Tod brachte, wurde die Ursache für diese Strafe Gottes schnell in einer angeblichen Hexenversammlung auf der Feuerbacher Heide gefunden. In der Chronik heißt es über die ergriffenen Gegenmaßnahmen lapidar: »... man verbrannte deswegen in Stuttgart mehrere alte Weiber.«

Zwischen Feuerbacher Weg und Gähkopf, wo sich heute der **Bismarck-Turm** erhebt, gab es im 19. und frühen 20. Jahrhundert einen militärischen Übungsplatz mit Schießgelände. Hier fand am 27. Juni 1845 die letzte öffentliche Hinrichtung in Stuttgart statt. Die Delinquentin war Christiane Ruthardt, die ein Jahr zuvor ihren Mann mit Arsen umgebracht hatte und dafür zum Tod durch Enthauptung verurteilt worden war. Obwohl das Urteil morgens vor sechs Uhr vollstreckt wurde, war eine große Menschenmenge auf den Richtplatz gekommen, um das Haupt der Frau fallen zu sehen. Alle späteren Hinrichtungen fanden unter Ausschluss der Öffentlichkeit statt.

An der Straße »Am Kräherwald« gehen wir sofort rechts den steilen Weg abwärts, wobei wir den Rand des Kräherwaldes, der von hier bis zum Botnanger Sattel reicht, links von uns haben.

Der größte Teil des ausgedehnten Waldabhangs war seit jeher Stuttgarter Stadtwald, nur der Bereich von hier bis zum Kellerweg war als Hofkammerwald (in den Flurkarten auch »Herrschaftliches Herrenwäldle« genannt) im Besitz des Hauses Württemberg – bis weit ins 20. Jahrhundert hinein. Der **Kräherwald** war seit dem Mittelalter von den Stuttgartern als Weidewald für Kühe, Schweine, Ziegen und Schafe genutzt. Der Herdweg zeigt noch heute an, wie das Vieh aus der Stadt zum Kräherwald getrieben wurde. Der Name könnte davon herrühren, dass hier besonders viele Krähen genistet haben, eine mögliche Deutung ist aber auch ein Zusammenhang mit den als »Krähen« bezeichneten kleinen Reisigbüscheln zum Anzünden der Öfen.

Nun geht es steil bergab vorbei am Gewann Kohlgrube, wie der Abhang rechter Hand genannt wird.

Hier waren früher ebenfalls Steinbrüche, in denen zeitweise wohl auch Kohlenmeiler zur Holzkohlenherstellung betrieben wurden.

Wir lassen die Kleingartenanlage »Waldbad« und die Vereinsgaststätte links liegen und kommen weiter talwärts durch die (untere) Grünewaldstraße – eine »obere« Grünewaldstraße gibt es etwas höher gelegen und vom Holbeinweg abzweigend – bis ins Feuerbacher Tal.

Der Name **Feuerbach** taucht erst zu späterer Zeit in den Quellen auf. Ursprünglich hießen Bach und Ort »Biberbach«, was um 1075 bezeugt ist. Über »Buwirbach« und »Furbach« entwickelte sich der Name bis 1585 schließlich zum noch heute üblichen »Feuerbach«. Die Siedlung bestand sicher schon unter den Merowingern, später gehörte sie nacheinander den Grafen von Calw, den Welfen und den Pfalzgrafen von Tübingen, bis schließlich im Spätmittelalter die Grafen von Württemberg Feuerbach in ihren Besitz brachten. 1907 zur Stadt erhoben, wurde der bedeutende Industriestandort 1933 nach Stuttgart eingemeindet.

Im Talgrund gehen wir den Asphaltweg links, der eben und parallel zum Feuerbach ins Feuerbacher Tal in Richtung Botnang führt.

Der Bach, den wir rechts von uns haben, mäandert kräftig, was durch sein geringes Gefälle bedingt ist. Insgesamt legt der Feuerbach von seinen Quellen im Gewann Metzgerhau bis zur Mündung in den Neckar bei Mühlhausen 15,1 Kilometer zurück. Dabei überwindet er einen Höhenunterschied von 249 Metern.

Das Gelände heißt hier **»Ziegelwiesen«**, was auf den einst von vielen Ziegelstücken durchsetzten Boden zurück führt. Das **Feuerbacher Tal** war zur Römerzeit ein regionales Zentrum des Töpferhandwerks, weshalb hier häufig Bruchstücke von römischer Terra sigillata gefunden wurden. Wir kommen im Laufe unserer Wanderung noch darauf zurück.

Bald erreicht unser Weg wieder den Waldrand, wo wir zu einer Schranke kommen.

Unmittelbar dahinter ist rechts am Wegrand ein tief eingesunkener Grenzstein zu finden. Er ragt nur noch etwa zehn Zentimeter aus dem Boden, jedoch ist die auf seiner Oberfläche eingekerbte Grenzlinie noch gut zu sehen. Der Grenzverlauf, der sich seit der Grünewaldstraße immer am Hangfuß des Kräherwaldes hinzog, markiert die Markungsgrenze zwischen Stuttgart und Feuerbach.

Nun kann man je nach Trittsicherheit und je nach Witterung entweder geradeaus weiter auf dem »Reitweg« bergan oder nach rechts auf einem teilweise sehr schmalen Pfad direkt am Feuerbach entlang weiter gehen. Auf letzterem kommt man an mehreren noch aufrecht stehenden Grenzsteinen vorbei.

Der erste, auf den wir stoßen, stammt von 1776, der zweite trägt die Nummer 105 (gerechnet von der Wagenburgstraße in Gablenberg an) und die Bezeichnung MS für »Markung Stuttgart«. Die Rückseite nennt MF für »Markung Feuerbach« und die Nummer 62. Die Jahreszahl 1904 bezeichnet das Jahr der Aufstellung. Während fast alle älteren Steine aus gelbgrünem Schilfsandstein gehauen sind, ist dieser aus dem haltbareren Cannstatter Travertin gemeißelt. Ein weiterer Stein trägt die Nummer 106 und die Initialen ST für Stuttgart. Man kann bei diesen Grenzsteinen sehr schön das

Prinzip der Augenlinie nachvollziehen. Alle Grenzsteine mussten optisch durch gerade Linien untereinander verbunden werden können und jeder Grenzstein musste deshalb von den beiden benachbarten aus sichtbar sein.

An der Holzbrücke über den Feuerbach halten wir uns links entlang des kleinen Zuflußbachs zurück zum Reitweg.

Wer auf dem Reitweg geblieben ist, konnte an manchen Stellen unten am Ufer des Feuerbachs die Grenzsteine ausmachen. Beide Wegvarianten stoßen am unteren Ende der von der Doggenburg herunterführenden Schlittenbahn wieder zusammen.

Nachdem seit der Mitte des 19. Jahrhunderts der Wintersport sich zu einem Volkssport entwickelte, wurden zunächst in den Alpen um Davos Rodelbahnen angelegt, auf denen auch Wettbewerbe ausgetragen wurden. Noch vor der Jahrhundertwende entstanden auch in Stuttgart **Schlittenbahnen** von der Doggenburg ins Feuerbacher Tal sowie vom Degerlocher Königsträßle zur Bopserhütte. Sehr beliebt war ferner die Hasenbergsteige, die – weil bei Schnee für Wagen unpassierbar – sogar bis in die späte Nacht hinein mit Schlitten befahren wurde.

Auf dem nun mit einem blauen Punkt bezeichneten »Lina-Hähnle-Weg« gehen wir parallel zum Feuerbach weiter.

Der Weg erinnert an die »Vogelmutter Deutschlands«, die 1899 in

Das Feuerbacher Tal ist ein idyllisches Wiesental.

der alten Stuttgarter Liederhalle den Deutschen Bund für Vogelschutz gegründet hat. Lina Hähnle starb 90-jährig 1941 und hat zeitweise in der Jägerstraße gewohnt.

In der Gegend, wo der mit einem roten Kreuz bezeichnete Weg nach rechts über den Feuerbach zum Neuen Schützenhaus führt, finden sich im Wald Schuttflächen von römischen Gebäuden.

1855, 1880 und 1896 haben hier Grabungen stattgefunden, die ein Haus mit einem Grundriss von 10,50 mal 13 Meter aufgedeckt haben. Im Inneren fand man einen Weihestein mit der Darstellung der Pferdegöttin Epona. Die sich bis Botnang hinziehenden Funde von Ziegelfehlbränden, Brennofenresten und Tongruben lassen den Schluss zu, dass sich am Rand des Feuerbacher Tals im 2. und 3. Jahrhundert

ein größerer Töpferbetrieb befunden hat, der weit ins Land hinaus exportieren konnte. Nach den Signaturstempeln auf der Töpferware kann man die hier tätigen Töpfer mit den Namen Camulatus, Domitianus, Marinus und Reginus identifizieren. Weiter aufwärts im Gewann »Laihle«, was sprachlich wohl »kleines Lehen« bedeutet, fand man die Reste einer größeren Ziegelei. Das Feuerbacher Tal gehörte demnach zu den Besiedlungsschwerpunkten im Stuttgarter Raum.

Bald geht der Lina-Hähnle-Weg links bergan, wir bleiben jedoch auf unserem Weg am Hangfuß. Nach wenigen Schritten sehen wir rechts ein grünes Metalltor mit der Inschrift »Wasserrose«, hinter dem wir rechts parallel zum Zaun weitergehen. Innerhalb des umzäunten Bereichs entdecken wir einen weiteren

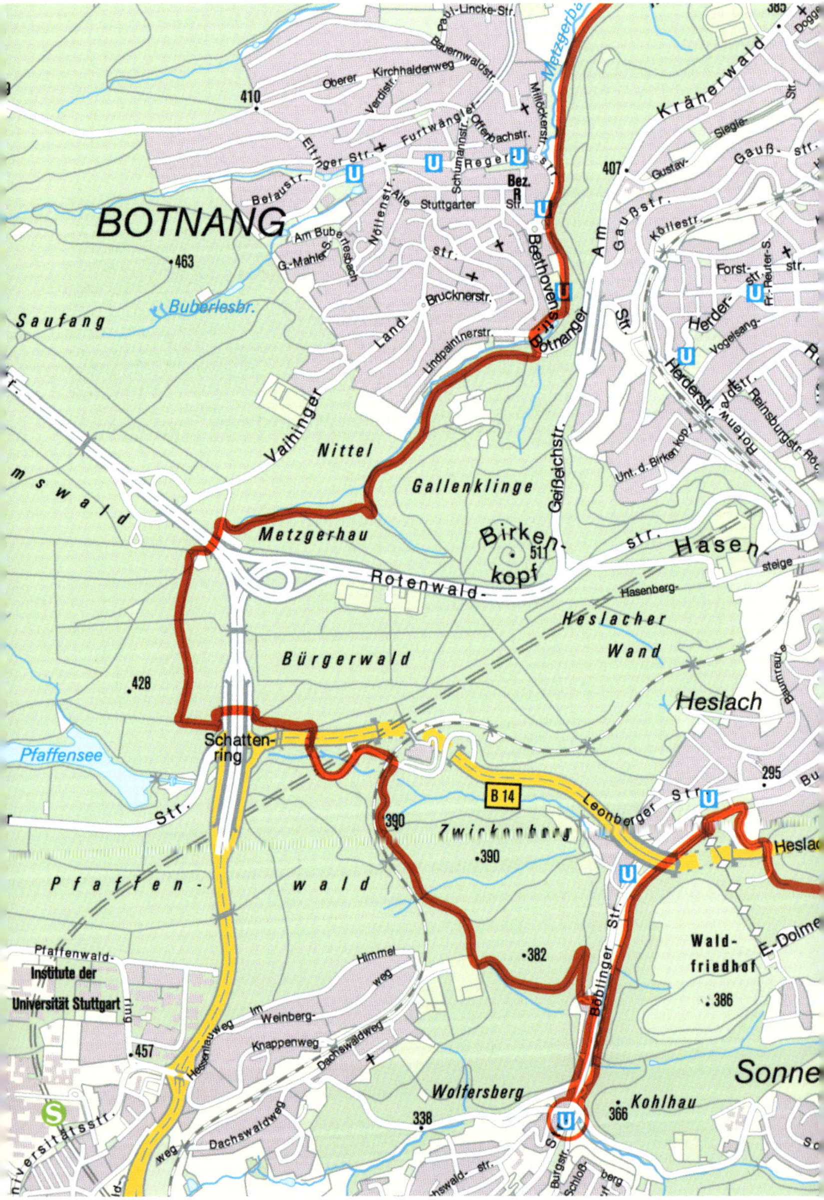
BOTNANG
463
410
Saufang
Buberlesbr.
Oberer
Kirchhaldenweg
Bauernwaldstr.
Paul-Lincke-Str.
Verdistr.
Furtwängler
Offenbachstr.
Millöckerstr.
Eltinger Str.
Regerstr.
Schumannstr.
Belaustr.
Alte
Stuttgarter
Str.
Bez. A
Nöllenstr.
Am Buberlesbach
G.-Mahler-S.
Brucknerstr.
Land-
Lindpaintnerstr.
Beethovenstr.
Botnanger
Metzgerbach
Kräherwald
Siegle-
Gustav-
Gauß-
str.
407
Gaußstr.
Köllestr.
Am
Str.
Forst-
Fr.-Reuter-S.
Herder-
Vogelsang-
Herderstr.
Rotenwald
Reinsburgstr.
Unt. d. Birkenkopf
Geißeichstr.
Vaihinger
Nittel
Gallenklinge
Metzgerhau
Birkenkopf
511
Rotenwald-
str.
Hasen-
steige
Hasenberg-
Heslacher
Wand
Bürgerwald
428
Heslach
Schatten-
ring
Pfaffensee
Str.
Pfaffen-
wald
390
B 14
Leonberger
Str.
295
Böblinger
Str.
382
Wald-
friedhof
386
E.-Dolme
Pfaffenwald-
Institute der
Universität Stuttgart
ring
Himmel
weg
Im
Weinberg-
Knappenweg
Dachswaldweg
Hessenlauweg
457
Wolfersberg
338
366
Kohlhau
Sonne
Universitätsstr.
Dachswaldweg
Burgstr.
Schloß-
berg

Grenzstein der Markung Stuttgart (MS) mit der Nummer 122. Wir kommen an einem kleinen See vorbei, dann an der Umzäunung von Kleingärten und schließlich ins freie Wiesental.

Der Bach heißt hier bereits »Metzgerbach«. Er ist einer der Quellbäche, die sich auf der Höhe des Neuen Schützenhauses zum eigentlichen »Feuerbach« vereinigen.

Wir gehen immer geradeaus und sehen rechts die Häuserblocks des Botnanger Wohngebietes »Laihle«. Vorbei an Kleingärten gelangen wir auf unserem Pfad zu einem Querweg, der uns über einen kurzen steilen Anstieg nach links zum Hauptweg zurückbringt. Bevor wir nach links hochsteigen, können wir geradeaus etwa 50 Meter entfernt im Unterholz einen weiteren Grenzstein erblicken.

Es ist der Stein Nummer 131 aus dem Jahr 1721. Vom Hauptweg aus sieht man am Ende der Garteneinzäunung noch den Grenzstein Nummer 132. Die Gartenzäune, denen wir bisher ein längeres Stück gefolgt sind, stehen quasi auf der alten Markungsgrenze, die heute noch die Grenze der Stadtbezirke Stuttgart-West und Botnang bildet.

Botnang wurde wohl schon im 9. Jahrhundert von Feuerbach aus als Siedlung gegründet. Es wird um 1075 als »Botenanch« erstmals genannt. Damals ging es durch Schenkung von den Grafen von Calw an das Kloster Hirsau über, das den Ort wiederum 1281 an das Kloster Be-

benhausen verkauft hat. Genau 200 Jahre später wurde Botnang unter Graf Eberhard im Bart württembergisch. 1922 wurde die seit 1631 selbständige Gemeinde nach Stuttgart eingemeindet. Lange Zeit war Botnang ein Dorf der Wäscher und Bleicher, die in der Bevölkerung der Residenzstadt zahlreiche Kundschaft hatten. Bis zu 100 Familien konnten sich von diesem Gewerbe ernähren. Der Ortsname geht wahrscheinlich auf den Personennamen Bodo zurück, die Endsilbe »-nang« dürfte in Zusammenhang mit »Wang« stehen, was leicht gewölbte und geneigte Flur bedeutet.

Hart an der Kurve der vierspurigen Regerstraße, in deren Mitte die Stadtbahn fährt, kommen wir zu einer Wegkreuzung mit Unterführung in die Stuttgarter Straße.

Hier ist auch der Ausgangspunkt des Botnanger Kuckuckswegs, der durch eine Tafel gekennzeichnet ist.

Wir gehen geradeaus unmittelbar links an den Gebäuden vorbei und gelangen nach wenigen Schritten zu einem Spielplatz, durchschreiten diesen und erreichen nach wenigen hundert Metern die Stadtbahnhaltestelle »Lindpaintnerstraße«. Auf dem Überweg überqueren wir die Gleise und dann an der Fußgängerampel auch die Beethovenstraße, gehen diese aufwärts bis zur Lindpaintnerstraße, wo wir jenseits auf dem ersten Pfad rechts in den Wald gelangen. Wir hören nun bald den Metzgerbach plätschern und gehen an diesem entlang. Er bildet nun für längere Zeit die natürliche Grenzlinie zwischen den ehemaligen Markungen.

Links über uns liegt – immer wieder durch die Bäume sichtbar – das **Wasserwerk Gallenklinge**, das einen Großteil des westlichen Stuttgarter Stadtgebietes mit Bodenseewasser versorgt. Es ist durch Rohrleitungen auch an die drei Parkseen sowie den Steinbachsee und den Katzenbachsee angeschlossen, auf deren Wasser das Wasserwerk im Notfall zur Versorgung der Stuttgarter Bevölkerung zurückgreifen kann. Rechts von uns blicken wir auf die talseitigen Häuser der Lindpaintnerstraße und bald liegt unter uns ein kleines Staubecken des Metzgerbachs.

Am folgenden Wegedreieck bezeichnen drei Schilder die Waldgewanne: das links mit dem Stuttgarter Wappen bezeichnet den Stadtwald Gallenklinge; geradeaus liegt der Stadtwald Metzgerhau und rechts – mit dem Landeswappen als Staatswald gekennzeichnet – die Nittelhalde. Wir gehen den Weg links und nach wenigen Schritten wieder rechts weiter bergan.

Bald sehen wir rechts unter uns ein 1930 entstandenes Bauwerk mit Zugang zum Metzgerhaustollen, der von den Seen zum Wasserwerk Gallenklinge führt. Die Klingen im Bereich Metzgerhau, Nittel und Gallenklinge sind sehr wasserreich. Hier gibt es zahlreiche Quellen. Schon um 1802 wurden oberhalb des Metzgerbachs zwei Brunnenstuben gebaut, um das Wasser aufzufangen. Bis kurz vor 1900 kamen weitere Quellfassungen in den anderen Gewannen hinzu. Das Wasser floss in einem Schacht über den Botnanger Sattel zum Vogelsang und dann in die Haushalte des Stuttgarter Westens. Daher rührt auch die Bezeichnung »Kanalweg«; dieser stößt bald von links auf unseren Weg.

Am Ende des Weges erreichen wir einen Parkplatz, über den wir links zur Unterführung unter der Wildparkstraße hindurch und auf der anderen Seite zum so genannten »Forsthaus I« im Rotwildpark gelangen.

Die ausgedehnten Wälder zwischen Stuttgart und Leonberg waren schon im Mittelalter ein bevorzugtes Jagdgebiet der württembergischen Landesherren. Auch Herzog Carl Eugen hielt hier Schaujagden ab, deren größte mit 6000 Stück Wild 1782 beim Besuch des russischen Thronfolgers veranstaltet wurde. König Friedrich von Württemberg ließ 1815 den **Rotwildpark** und den **Schwarzwildpark** einzäunen. Im Sommerhalbjahr hatten auch die Bürger Zutritt, allerdings gegen ein Eintrittsgeld und nur auf wenigen ausgewiesenen Wegen. Beim Forsthaus I, damals »Parkwächterhaus« genannt, lag das »Stuttgarter Tor« als Hauptzugang. Seit 1919 stehen die beiden Wildparks jedermann offen.

Durch den modernen Straßenausbau ist es nicht mehr möglich,

Die Heslacher Wasserfälle sind durch die Aufstauung der Parkseen und deren Ableitung ins Nesenbachtal im 16. Jahrhundert entstanden.

dem exakten einstigen Grenzverlauf zu folgen. Wir gehen daher gleich hinter dem Forsthaus links und nehmen bei der nächsten Wegegabelung wieder den linken Weg durch das Gewann »Bebenhäuser«, was auf älteste Besitzverhältnisse des Klosters Bebenhausen hinweist. Wir befinden uns nun auf dem »Stuttgarter Tor-Weg« und erreichen an der zweiten Kreuzung die »Schlösslesallee«. Sie führt rechts zum Bärenschlössle, wir wenden uns jedoch links und gehen nach einer Linkskurve durch mehrere Unterführungen unter den Fahrbahntrassen der Wildparkstraße hindurch. Dahinter halten wir uns rechts und gehen bald an der Fahrbahntrasse der Bundesstraße 14 bis zur Fußgängerbrücke. Hier beginnt die »Bürgerallee«.

Sie hieß einst »Magstadter Straße«, als sie noch als Fernverkehrsstraße über die Hasenbergsteige aus Stuttgart heraus in Richtung Westen geführt hat. Der umgebende Wald heißt »Bürgerwald«, was zeigt, dass die Bürger Stuttgarts diesen Wald jahrhundertelang in Besitz hatten.

Wir überqueren auf der Brücke die vierspurige Bundesstraße und gehen auf der alten zweispurigen Trasse der Bundesstraße 14, der Leonberger Straße, in einer Linkskurve zur Brücke über die »Wasserfälle«.

Diese entstanden, als 1566 Herzog Christoph von Württemberg die Glems zum Pfaffensee aufstauen ließ, damit die Mühlen im Nesenbachtal zu gewissen Zeiten mehr Antriebswasser bekamen. Ein 850 Me-

ter langer Stollen leitete das Wasser in die Heidenklinge, wo es über Felsen hinabstürzte. Im 19. Jahrhundert, als man das Wildromantische in der Natur immer mehr schätzen lernte, hat man die Klinge mit Wegen, Bänken und Brückchen erschlossen und zu einem beliebten Ausflugsziel werden lassen. Besonders die Zerstörungen der Stürme »Wiebke« und »Lothar« machten die Klinge der Heslacher Wasserfälle unzugänglich. Die eigentlichen **»Wasserfälle«** existieren bereits seit 1874 nicht mehr, denn seitdem wird das Wasser in einem Stollen zum Seewasserwerk an der Hasenbergsteige umgeleitet und das durch die Heidenklinge fließende Bächlein führt nur noch seine eigene äußerst bescheidene Wassermenge.

Bevor wir die Gäubahn unterqueren, sehen wir rechts hinter der Leitplanke noch alte Straßenbegrenzungspfosten aus Sandstein, die im heutigen Stadtbild Seltenheitswert haben.

Von hier aus haben wir einen Blick hinunter in die Heidenklinge auf die oft trockenen »Wasserfälle«. An der Bahnbrücke sind noch die Aufgänge zum 1908 eröffneten Haltepunkt »Wildpark/Rudolf-Sophien-Stift« vorhanden, der seit über drei Jahrzehnten außer Betrieb ist.

Das **Rudolf-Sophien-Stift** geht auf ein Vermächtnis des Fabrikantenehepaars Rudolf und Sophie Knosp zurück. Rudolf Knosp hatte mit der Teerfarbenherstellung großen Erfolg gehabt und seinen Betrieb nach dem Tod seines erst 16-jährigen Sohnes in die Badische Anilin- und Sodafabrik BASF eingebracht. Er starb 1897, seine Frau sieben Jahre später. Sie hatten bestimmt, dass aus ihrem Vermögen zwei Millionen Goldmark zur Errichtung eines »Rekonvaleszenten-Spitals« bereitgestellt werden, das nach Möglichkeit auf den Höhen des Hasenbergwaldes errichtet werden sollte. Einzige Bedingungen waren, dass die Stadt den Baugrund unentgeltlich zur Verfügung stellen musste und das neue Haus »Rudolf-Sophien-Stift« zu nennen sei. Nach den Plänen von Rudolf Lempp und Hermann Riethmüller errichtet, war der Neubau Anfang August 1914 bezugsfertig. Der Ausbruch des Ersten Weltkriegs verhinderte zunächst die Übergabe für den Stiftungszweck, denn während des Krieges war in ihm ein Lazarett untergebracht. Danach diente es als »Erholungsheim für den bürgerlichen Mittelstand« und heute beherbergt das Rudolf-Sophien-Stift neben Wohnungen und Werkstätten ein Rehabilitationszentrum für psychisch Kranke.

Direkt nach dem Bahndurchlass gehen wir am »Wildparkstüble« rechts in den Weg hinein, der entlang der Bahnlinie führt. Links liegt jetzt der Stadtwald »Heideklinge« und wir gehen auf dem »Dachswaldweg« immer geradeaus weiter. Die Brücke über die Gäubahn lassen wir rechts liegen und bald wendet sich der Weg von der Bahnlinie ab. Nach wenigen Schritten liegt links unter uns der Eingang in den Rettungsstollen der S-Bahn und wir erreichen eine Hütte. Etwa 100 Meter weiter beginnt links eine alte Schlittenbahn, die hinunter zum Fuß der Heidenklinge führt. Wir bleiben auf dem Dachswaldweg bis zum Sportplatz, wo wir den Weg links bergab nehmen. Nach einem längeren Abstieg gehen wir den Weg rechts weiter abwärts und kommen zwischen den Häusern der »Polizeisiedlung« hindurch zur Böblinger Straße. Man kann nun entweder nach rechts zur Stadtbahnhaltestelle »Waldeck« (U 1) oder nach links zur Stadtbahnhaltestelle »Heslach Vogelrain« (U 1 und U 14, Bus 92) gehen.

■ **Länge:**
Etwa 13 Kilometer.

■ **Zeit:**
Etwa 3 ½ Stunden.

■ **Höhenmeter:**
Etwa 520 Meter.

■ **Sonstiges:**
Meist wandern wir auf befestigten Wegen und Straßen, kurze Strecken auf Naturwegen und schmalen Pfaden. Gutes Schuhwerk!

■ **Charakter:**
Die Tour verläuft anfangs durch Wohngebiete, dann durch Wald.

■ **Einkehrmöglichkeiten:**
Gartenfreunde Feuerbach e. V., Gaststätte des Vereins für Hundefreunde Feuerbach, Gaststätte Im Feuerbacher Tal.

Abschnitt 2

Von Kaltental
bis Degerloch

■ **Ausgangspunkt:**
Stadtbahnstation Waldeck (U 1).

■ **Endpunkt:**
Stadtbahnstation Weinsteige (U 5,
U 6, U 8, U 17).

■ **Wegverlauf:**
Von der Stadtbahnhaltestelle
»Waldeck« gehen wir talwärts am

Fußgängerüberweg auf die rechte,
das heißt östliche Seite der Böblinger
Straße. Wir überqueren die Christi-
an-Belser-Straße sowie eine Wende-
schleife und erreichen nach wenigen
Schritten den unteren Ausgang des
Naturdenkmals »Schwälbleskklinge«.
Hier halten wir uns an den an der
Hangkante entlang führenden
asphaltierten (Rad-)Weg, der unge-

fähr die alte Markungsgrenze nach-zeichnet. Zwischen uns und der Böblinger Straße fließt nun ein sich dahinschlängelnder Wasserlauf.

Man könnte ihn »falscher Ne-senbach« nennen, denn er erinnert an den hier unterirdisch in einer Be-tonwanne sich befindenden »richti-gen« **Nesenbach**, der weiter stadt-einwärts noch auf einigen Metern sichtbar ist.

Seit 1991 gab es Überlegungen, das unschöne Kanalbett zu über-decken und die Wässer aus der Schwälblesklinge sowie des von Sonnenberg herabfließenden Kohl-bachs oberirdisch zu führen. 1999 war der erste Abschnitt fertig ge-stellt. Im Anschluss daran baute man für 4,5 Millionen Euro ein 7500 Kubikmeter Speicherraum umfassendes Regenüberlaufbecken, auf dessen Oberfläche der künstli-che Bachlauf weitergeführt wurde. An einem Geländer endet der Weg dieses »falschen Nesenbachs« ab-rupt und tief unten in einem offe-nen Speicherbecken wird der in ei-ner Betonrinne dahinfließende »richtige« Nesenbach sichtbar. Bald verschwindet er unter der Böblinger Straße in der Dunkelheit, aus der er bis zu seiner Mündung in den Ne-ckar nicht wieder auftauchen wird. Insgesamt ist der Nesenbach vom Quellgebiet in den Vaihinger Honig-wiesen bis zum Neckar knapp 13 Ki-lometer unterwegs. Trotz seines harmlosen Anscheins kann er bei Wolkenbrüchen über Vaihingen und Kaltental zu einem reißenden Strom

Durch die Schwälblesklinge führt ein geologischer Lehrpfad.

anschwellen. Durch die Regenüber-laufbecken kann man die Über-schwemmungsgefahr auf ein Mini-mum reduzieren.

Wir bleiben auf dem asphaltier-ten Weg und gehen unter der vier-spurigen Doppelbrücke der Bundes-straße 14 hindurch. Kurz vor der Seilbahnbrücke überqueren wir die Burgstallstraße und kommen zur Siedlung »Südheim«. Nun kann man mit der aus dem Jahr 1929 stam-menden Standseilbahn zum Wald-

*Die Seilbahn von 1929 ist eine
Attraktion.*

friedhof hinauffahren, was nach einer längeren Regenperiode zu emp-
fehlen ist, da der Fußweg durch den
Wald dann recht unwegsam sein
kann.

Die **»Wohnkolonie Südheim«**
ist 1901 bis 1903 im Auftrag des
»Vereins für das Wohl der arbeitenden Klassen« durch den Architekten Karl Hengerer errichtet worden.
Nur ein erster Bauabschnitt zwischen Südheimer Platz und Seil-
bahnstraße konnte verwirklicht
werden. Insgesamt sind in 22 Gebäuden 136 Wohneinheiten entstanden. Der genannte Verein war
auf Veranlassung Eduard Pfeiffers
noch an vielen anderen Stellen in
der Stadt segensreich tätig. Erwähnt werden sollen hier nur der
Bau der Ostheim-Siedlung und die
Altstadt-Sanierung um den Hans-
im-Glück-Brunnen.

Am Südheimer Platz biegen wir
rechts in den Kühornweg ein, den
wir aufwärts gehen.

Links vor uns steht das 1895
ebenfalls von Karl Hengerer erbaute
Alte Schützenhaus. Die Stuttgarter
Schützengilde wurde im Jahr 1500
von Jakob Walther, genannt Kühorn,
gegründet. Kühorn ist zusammen
mit seiner Frau Clara Mager auch der
Stifter der Kreuzigungsgruppe vor
dem Chor der Leonhardskirche, dessen von Hans Seyffer 1501 geschaf-
fenes Original sich gegenwärtig in
der Hospitalkirche befindet. Im Zusammenhang mit dem Bau des Heslacher Tunnels der Bundesstraße 14
musste die Schützengilde das Alte
Schützenhaus aufgeben, da die neue
Straße das Gelände durchschnitt.
Daraufhin wurde jenseits des Tunnel-
portals ein neues Schützenhaus gebaut und die Schießbahnen neu angelegt. Das Alte Schützenhaus wird
heute gastronomisch und kulturell
genutzt.

Auf dem Kühornweg, der ebenso wie die Burgstallstraße ungefähr
den Grenzverlauf nachzeichnet, gehen wir nahe an der Bundesstraße
14 vorbei und dann rechts über das
Tunnelportal hinweg. Das neue
Schützenhaus lassen wir rechts liegen und kommen zum Waldrand.
Dort nehmen wir den unbefestigten
Weg, der links der tief eingeschnit-
tenen Klinge steil bergauf zur
Karl-Kloß- beziehungsweise Eugen-
Dolmetsch-Straße führt. Die Klinge
war einst die Markungsgrenze zwischen Stuttgart und Degerloch.
Oben angekommen gehen wir
rechts in die Eugen-Dolmetsch-Stra-
ße hinein, wo wir an einem großen

Felsblock vorbeikommen, an dem man ein Wappen entdecken kann. Es zeigt die Jahreszahl 1914, einen Schrägbalken und ein Ordenskreuz. Wer möchte, kann nun zum Waldfriedhof gehen und einen Rundgang machen.

Nach längerer Planung wurde der **Waldfriedhof** 1914 als neuer Friedhof für Degerloch im Gewann »Viereichenhau« eröffnet. Eine Zufahrt gab es damals nur von Degerloch aus. Die Straßenverbindung nach Stuttgart war noch nicht gebaut und die Seilbahn gab es ebenfalls nicht. Für die Bewohner von Heslach und des Stuttgarter Tales war der Waldfriedhof zunächst nur zu Fuß mit einem 20-minütigen Aufstieg durch den Wald erreichbar. Nach dem Vorbild des Münchner Waldfriedhofs hatte Albert Pantle vom Städtischen Hochbauamt die Friedhofsanlage entworfen. Die erste Beisetzung fand am 22. September statt, es war ein Soldat, der im kurz zuvor ausgebrochenen Ersten Weltkrieg gefallen war. Heute befindet sich hier – umgeben von Gräbern von Soldaten und Bombenopfern – das von Paul Bonatz gestaltete Gefallenenehrenmal mit der beeindruckenden Figur der »Mutter Heimat« von der Hand des Bildhauers Fritz von Graevenitz. In den dreißiger Jahren von den Nazis als »untragbare christliche Pieta« gebrandmarkt, konnte das Werk erst 1957 aufgestellt werden.

Auf dem Waldfriedhof haben zahlreiche berühmte Persönlichkei-

Brunnenfigur von Josef Zeitler im Waldfriedhof

ten ihre letzte Ruhestätte gefunden. Nur wenige können hier genannt werden: der erste deutsche Bundespräsident Theodor Heuss, der erste Präsident der EG-Kommission Walter Hallstein, der Vizepräsident des Deutschen Bundestages Erwin Schöttle, der Ministerpräsident von Baden-Württemberg und Präsident des Bundesverfassungsgerichts Gebhard Müller, die Stuttgarter Oberbürgermeister Karl Lautenschlager, Karl Strölin und Arnulf Klett, der Landesbischof Theophil Wurm, der Industrielle Robert

Bosch, der Sänger Wolfgang Windgassen, die Schauspielerin Edith Herdegen, die Maler Adolf Hölzel und Oskar Schlemmer, die Publizisten Klaus Mehnert und Friedrich Sieburg sowie die »Löwenbändigerin« Miss Claire Heliot.

An der Fußgängerampel überqueren wir die nun Heinestraße genannte Fortsetzung der schon genannten Karl-Kloß-Straße. Auf der anderen Straßenseite gehen wir links zum Parkplatz des Dornhaldenfriedhofs und am Zaun entlang bis zu dem malerischen Haus aus Ziegelfachwerk.

Der **Dornhaldenfriedhof** wurde 1974 auf dem Gelände des seit 1858 bestehenden Militärschießplatzes angelegt. Zwei große parallele Erdwälle erinnern noch an die einst neun Schießbahnen. Das ehemalige **»Garnisonsschützenhaus«** wurde für den Verwalter des Schießplatzes und als Kantine 1893 errichtet, wie die Jahreszahl an einer Wetterfahne beweist. Der Hauptgiebel wird noch immer von einem Uhrtürmchen bekrönt. Während des »Dritten Reiches« fanden auf dem Schießplatz auch Hinrichtungen statt, so zum Beispiel am 1. November 1944 die des Chordirektors und Musikpädagogen Ewald Huth wegen »Zersetzung der Wehrkraft«.

Der Dornhaldenfriedhof hat 1977 Geschichte geschrieben, als dort mit Genehmigung von Oberbürgermeister Manfred Rommel die in der Haftanstalt Stuttgart-Stammheim zu Tode gekommenen Terroristen Gudrun Ensslin, Andreas Bader und Jan-Carl Raspe unter größten Sicherheitsvorkehrungen bestattet wurden.

Vor dem alten Verwalterhaus gehen wir links bergab an dem mit Holzschindeln verkleideten Abluftturm des Heslacher Tunnels vorbei durch das Waldgewann »Lerchenrain«.

Die Bezeichnung kommt von »Lorcher Rain«, das heißt, dass hier das Kloster Lorch (im Remstal) uralten Besitz hatte, den es 1525/26 an die Stadt Stuttgart übereignet hat.

Etwa 150 Meter hinter dem Abluftturm stößt unser Weg auf einen Querweg, den wir links gehen. Wir sind nun auf dem Lerchenrainweg, dem wir weiter abwärts folgen. Nach einer Rechtskurve haben wir bald einen Ausblick auf den gegenüberliegenden Haigst und die Weinberge am Schimmelhüttenweg.

Parallel zu unserem Weg verlief die alte Markungsgrenze und das Gewann auf Stuttgarter Gebiet heißt **»Burgstall«**. So wird die Gegend bereits 1312 in einer Urkunde genannt. Dort heißt es auch, Graf Eberhard von Württemberg habe den Wald »Burgstall« um 30 Pfund Heller gekauft. Von wem wird leider nicht erwähnt, so dass jede Vermutung Spekulation wäre. Die Gewannbezeichnung weist jedoch eindeutig auf eine burgähnliche Anlage hin, die aber sicherlich schon im 13. Jahrhundert wieder aufgegeben worden war. Im Wald sichtbare

Hohlwege, Wälle und Gräben könnten mit der geheimnisvollen Befestigungsanlage in Zusammenhang stehen.

Nach einem langen geraden Wegstück nehmen wir vor einer Rechtskurve einen etwas schmaleren asphaltierten Weg links in Serpentinen bergab. Bald gehen wir durch die »Kleingartenanlage Lerchenrain« der Gartenfreunde Stuttgart-Heslach e. V. hindurch, an deren Ausgang links das Vereinsheim als öffentliche Gaststätte betrieben wird.

Kaum einem Spaziergänger ist wohl bewusst, dass sich unter der Kleingartenanlage der Heslacher Tunnel der Bundesstraße 14 sowie seine Ein- und Ausfahrten zur Karl-Kloß-Straße befinden. Die alte Kleingartenanlage ist 1985 zum Tunnelbau fast restlos abgetragen und erst nach Abschluss der Bauarbeiten am Tunnel 1988 auf künstlichem Gelände wieder neu angelegt worden. Sie besteht heute aus 62 Parzellen zu je 250 Quadratmeter.

Hinter dem Vereinsheim kommen wir in die Kelterstraße, wo wir links oben die 1906 bis 1908 von Paul Bonatz erbaute Lerchenrainschule erblicken.

Bauliches Vorbild war dabei die nur um zwei Jahre ältere Heusteigschule von Theodor Fischer, deren turmartige Aufbauten sich auch hier wieder finden. In der **Lerchenrainschule** ist eine Grund- und Hauptschule sowie eine Werkrealschule untergebracht.

Wir gehen gleich nach der Kleingartenanlage in spitzem Winkel rechts hinunter zur Ampelanlage an der Karl-Kloß-Straße, wo wir diese überqueren. Auf der Liebigstraße gelangen wir geradeaus in eine kleine Wohnsiedlung, das so genannte »Eiernest«, hinein. Der rechts abgehende Zechweg führt uns durch die Siedlung hindurch bis zur Eierstraße.

Das **»Eiernest«** besteht aus 180 einstöckigen Reihenhäusern mit Vorgärten. Die Siedlung wurde 1926 vom Städtischen Hochbauamt unter Architekt Hähnel nach dem Vorbild englischer Gartenstädte erbaut. Sie ist bis heute eine der gelungensten und besterhaltenen Wohnanlagen aus der Zwischenkriegszeit in Stuttgart. Kaum ein Passant wird sich der beinahe unwirklich idyllischen Atmosphäre entziehen können.

Die Bezeichnung »Eiernest« ist schon sehr alt. Sie taucht 1304 als »Arnest« im Lagerbuch des Esslinger Spitals erstmals auf und lässt eine Deutung als »Adler«nest zu. Erst später, im 17. und 18. Jahrhundert, wurde der Name fälschlicherweise in »Eiernest« umgewandelt. Seit 1892 gab es Überlegungen der Stadtverwaltung, als Ersatz für den nicht erweiterbaren Fangelsbachfriedhof im Eiernest einen neuen Südfriedhof anzulegen. Zug um Zug wurden die Grundstücke von der Stadt erworben und es wurde im Jahr 1900 ein Wettbewerb ausgeschrieben. Eine endgültige Entscheidung wurde nicht ge-fällt, auch wegen des ungünstigen Untergrundes. Nach der 1908 er-folgten Eingemeindung von Deger-loch stoppte man das Projekt Süd-friedhof und entschied sich dann schließlich für die Anlage des Waldfriedhofs.

In der Eierstraße gehen wir rechts bergan.

Wir sind nun nicht mehr auf der ehemaligen Markungsgrenze unterwegs, da diese vom unteren Ende der Eierstraße beim Marien-hospital durch einen kleinen Gelän-deeinschnitt gerade hinauf zum Haigst bis zur Kautzenhecke verlief. Erst dort oben werden wir wieder auf die einstige Stuttgarter Grenze treffen.

Beim Haus Eierstraße 123 endet die Straße und es beginnt ein Fuß-weg in die Eiernestklinge hinein. Wir gehen über den Bach hinweg und steigen auf Stufen sowie über einen hölzernen Steg rechts der Klinge steil bergauf. Bei unserem Spazier-gang zwischen Gärten weiter auf-wärts haben wir immer wieder Aus-blicke auf die Weinberge am gegen-überliegenden Scharrenberg mit dem Schimmelhüttenweg.

Der **Scharrenberg** gehört auch heute zum Stadtbezirk Degerloch, weshalb es dort immer noch Wein-gärtner und zu gewissen Zeiten Be-senwirtschaften gibt. Die Existenz des Degerlocher Weins ist vielen Stuttgartern unbekannt, aber in je-dem Fall mehr als ein »Versucherle« wert!

Beim Schimmelhüttenplatz er-reichen wir den Schimmelhütten-weg.

Die **Schimmelhütte** ist seit dem 16. Jahrhundert nachweisbar und lag in der Nähe der Markungs-grenze. In ihrer Umgebung soll es nicht geheuer gewesen sein, auch wird von einer Abdeckerei und um-gehenden Gespenstern berichtet. Nichts Genaues weiß man aber nicht.

Neben der hölzernen Remise beim Schimmelhüttenplatz ist ein Weinfass von 1935 aufgestellt, das aus Anlass der im Juli dieses Jahres in der Stuttgarter Liederhalle abge-haltenen Reichstagung des Bött-cher- und Küferhandwerks gefertigt wurde.

Wir gehen den Brunhildenweg bis zur Leonorenstraße hinauf und dort links. Auf unserem Weg durch die Leonorenstraße haben wir im-mer wieder über die unter uns lie-genden Weinberge des Scharren-bergs hinweg Ausblicke auf die Dornhalde, über Heslach hinweg auf den Hasenberg und den Birkon-kopf sowie am Horizont bis zu den Universitätshochhäusern in Stutt-gart-Vaihingen. Vor einer Rechtskur-ve geht die Leonorenstraße in die Straße Am Oberen Berg über, wo wir hinter Haus Nummer 27 den rechts abgehenden Fußweg neh-men und zur Rienzistraße gelangen. Nach wenigen Schritten mündet von links die »Kauzenhecke« ge-nannte Straße ein, in die wir hinein gehen.

Blick von der Weißenburg. Die Stadtteile Süd und West sind durch den quer verlaufenden Bergrücken der Karlshöhe getrennt.

Beim Spielplatz links vorne erreichen wir wieder die alte Markungsgrenze zwischen Stuttgart und Degerloch, die entlang der Straße »Kauzenhecke« zur Alten Weinsteige verlief.

Der zu Stuttgart gehörende Bereich links von uns wird **»Haigst«** genannt. Das Wort kommt von »Höchst« und hat wohl damit zu tun, dass hier das Gelände recht abrupt vom Nesenbachtal 120 Meter hoch aufsteigt. Das Gelände rechts, wo heute die modernen Wohnblöcke stehen, war früher ein kleiner See. Er hieß »Staigenloch« oder einfach Degerlocher See und war ein Paradies für Kinder. Da in diesem Bereich Stubensandstein ansteht, hat man diesen gebrochen, worauf sich die Gruben langsam mit Wasser füllten. Schon zu Beginn des 19. Jahrhunderts sind auf Flurkarten kleine Tümpel eingezeichnet, die dann zu dem Degerlocher See erweitert wurden. Erst seit der Mitte der dreißiger Jahre des 20. Jahrhunderts wurde er zugeschüttet und die Fläche später bebaut.

An der Alten Weinsteige, die seit dem Mittelalter eine wichtige Verkehrsstraße auf die Filderebene war, wenden wir uns links.

Wir sehen an der nächsten Kreuzung schräg gegenüber eine rekonstruierte Steinstele, die ein ganz besonderer Grenzstein ist. Er wurde 1995 aus Anlass der 500-Jahr-Feier der Erhebung Württembergs zum Herzogtum wiedererrichtet, nachdem der originale Stein einige Jahrzehnte zuvor beschädigt und abgeräumt worden war. Er bezeichnet nicht nur die alte Markungsgrenze sondern zugleich eine wichtige Verwaltungsgrenze innerhalb Württembergs. Bei der Teilung der Grafschaft Württemberg 1442 in den Stuttgarter und den Uracher Teil verlief hier die Grenze. Das Land wurde unterschieden in »ob der Staig« und »unter der Staig«, das heißt in das Oberland und das Unterland. Auch nach der Einführung der Reformation 1534 wurden die beiden Landesteile zunächst unabhängig voneinander kirchlich verwaltet: Erhard

Schnepf war für das Gebiet unter der Staig und Ambrosius Blarer für den Landesteil ob der Staig zuständig.

Hinter der Stele liegt eine Aussichtsplatte, von wo man einen schönen Blick auf den Stuttgarter Talkessel hat. Wir gehen auf der Straße »Auf dem Haigst« vorbei an der 1953 eingeweihten Haigstkirche zur Oberen Weinsteige und nach deren Überquerung zur Stadtbahnstation »Weinsteige«.

■ **Länge:**
Etwa 6 Kilometer.

■ **Zeit:**
Etwa 2 Stunden.

■ **Höhenmeter:**
Etwa 300 Meter.

■ **Sonstiges:**
Die Tour verläuft auf Straßen und Naturwegen, gutes Schuhwerk ist erforderlich.

■ **Charakter:**
Wir wandern durch Wald, Wohngebiete, Kleingärten und vorbei an Weinbergen, ab und zu haben wir eine schöne Aussicht.

■ **Einkehrmöglichkeiten:**
Gaststätte der Stuttgarter Schützengilde e. V., Altes Schützenhaus, Vereinsheim der Gartenfreunde Stuttgart-Heslach e. V.

Abschnitt 3

Von Degerloch
bis zum Nordbahnhof

■ **Ausgangspunkt:**
Stadtbahnstation Weinsteige
(U 5, U 6, U 8, U 17, U 18, Buslinien
78, 826)

■ **Endpunkt:**
S-Bahn- und Straßenbahnstation Nordbahnhof (S 4, S 5, S 6, Straßenbahn 15, Buslinien 55, 56).

■ **Wegverlauf:**
Von der Stadtbahnstation
»Weinsteige« gehen wir ins Königsträßle, das hinauf zur Jahnstraße
führt.

1927 wurde die jetzige Fußgän-
ger-Straße offiziell so genannt, obwohl die Degerlocher schon Jahrzehnte zuvor vom »Königsträßle«
sprachen. König Wilhelm II. von
Württemberg und andere Mitglieder
des Königshauses sollen der mündli-
chen Überlieferung nach hier gerne
spazieren gegangen sein. Manche
noch heute in Degerlocher Familien
erzählte Anekdote erinnert an per-
sönliche Begegnungen mit dem
volkstümlichen Monarchen. Das Königsträßle ist ein uralter Verbin-
dungsweg von der Alten Weinsteige
hinauf zu den Filderdörfern und vor

allem zum Schloss Hohenheim. Die
ehemalige Markungsgrenze verlief
etwas von der Straße abgesetzt im
rechts anschließenden Wald.

Kurz vor der Jahnstraße, wo das
Königsträßle einen Knick macht,
sieht man links die »Startrampe« der
Schlittenbahn, die durch den Wern-
haldenwald hinunter zur Bopserhütte führt. Nun kann man bereits
durch den Wald den 1911/12 erbauten **Wasserturm** an der Jahnstraße sehen. Mit seinen 35 Metern
Höhe und einem Fassungsvermögen
von 400 Kubikmetern dient er noch
heute der Wasserversorgung von
Degerloch. Da die frühere Grenze
vom Königsträßle ein kurzes Stück
entlang der Jahnstraße verläuft, bevor sie sich für uns heute nicht mehr
nachvollziehbar im Zickzack durch
das Waldaugelände verliert, steht
der Degerlocher Wasserturm außerhalb der alten Markung von Degerloch. Bei seinem Bau gehörte der Ort
jedoch schon drei Jahre zu Stuttgart
und die Markungsgrenzen spielten
keine Rolle mehr!

Wir überqueren die Jahnstraße
und gehen geradeaus auf dem Königsträßle weiter.

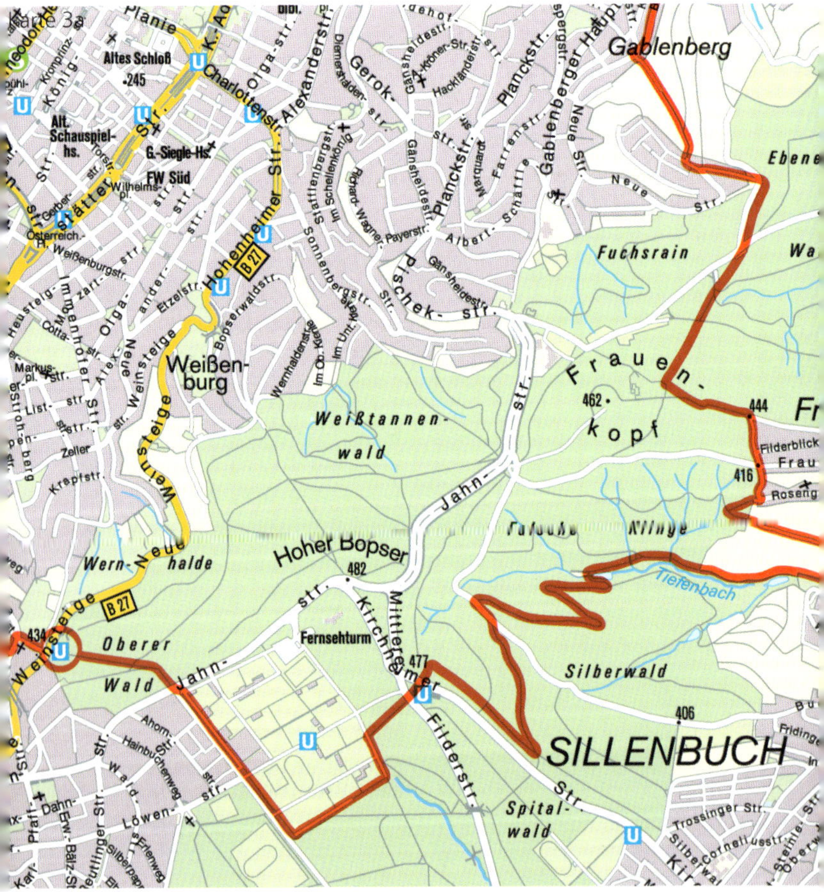

Links liegt nun das Sport- und Erholungsgebiet **Waldau**. Das Gelände war ursprünglich von Wald bedeckt, der zu einem überwiegenden Teil zu Stuttgart gehört hat. Dieser so genannte »Armenkastenwald« lag zwar auf Stuttgarter Markung, aber auch die »Flecken und Weiler« Degerloch, Ittingshausen (abgegangen), Birkach, Riedenberg und Sillenbuch hatten seit alters her das Recht, in diesem Wald Holz zu schlagen und das Vieh darin zu weiden. Immer wieder kam es zu heftigen Auseinandersetzungen zwischen der Residenzstadt und den genannten Dörfern, da diese sich in ihren Rechten übergangen fühlten. 1602 zum Beispiel ließ Stuttgart den ganzen Wald abholzen, ohne auch nur einen Stamm davon abzugeben. Die Dörfer wandten sich erbost an den Herzog, der daraufhin festlegte, dass ihnen nur ein Neuntel des Waldes zustehe. Diesen Anteil könnten sie sich entweder in Holz oder in Bargeld auszahlen lassen. Bis ins 19. Jahrhundert hinein haben Birkach und Riedenberg von diesem Recht Gebrauch gemacht. Das Wort »Armenkasten« bezeichnete eine Einrichtung, in der Stiftungen zu Gunsten von Armen und Notleidenden zusammengefasst und verwaltet wurden. Heute würde man von Sozialfürsorge sprechen.

Ab 1868 wurde ein Teil des Armenkastenwaldes sowie der Degerlocher Wald bis zum Königsträßle gerodet und ein Übungs- und Exerzierplatz für das württembergische Militär angelegt. Nach 1903 hat man den Betrieb nach und nach aufgegeben und das Gelände an Sportvereine verpachtet. Mit der Eingemeindung Degerlochs 1908 wurde die »Waldau« endgültig als Sportplatz ausgewiesen. Zahlreiche Sportvereine haben heute hier ihren Sitz, deren attraktives und vielfältiges Angebot Gäste aus der ganzen Region Stuttgart anzieht. Seit einiger Zeit ist die Waldau mit der gleichnamigen Haltestelle an das Stadtbahnnetz angeschlossen.

Wir bleiben auf dem Königsträßle und überqueren den Georgii-weg sowie den Friedrich-Strobel-Weg, die beide links ins Sportgelände hineinführen. Nun liegt rechts der ADM-Sportplatz der Stuttgarter Kickers und bald stehen wir am Ortsendeschild mit dem Hinweis »nach Schönberg 2 km«. Unmittelbar dahinter führt nach links ein Weg – auf dem Stadtplan »Kallenbergweg« genannt – am Zaun des Straßenbahner-Waldheims entlang, auf dem wir nun in den Wald hinein gehen.

Das **Waldheim der Stuttgarter Straßenbahn AG** hat sich von 1932 bis 1938 im Akazienwäldchen auf dem Killesberg befunden. Wegen der Vorbereitungen zur Reichsgartenschau wurde es 1939 zum Straßenbahnersportplatz auf der Waldau verlegt. Nach dem Zweiten Weltkrieg stand das Stuttgarter Straßenbahner-Waldheim häufig im Interesse der deutschen Medien, als wegen der ruhigen Lage hier jahrzehntelang die Tarifverhandlungen zwischen der Gewerkschaft ÖTV und den öffentlichen Arbeitgebern aus Bund, Ländern und Gemeinden stattfanden. Über den Zaun hinweg kann man die Oberleitungen der Jugendbahn erkennen. Sie verkehrte schon im Waldheimgelände auf dem Killesberg und ist nun seit 1939 auf der Waldau eine Attraktion für die Kinder der Beschäftigten der SSB. Die Wagen tragen die Jahreszahlen 1931 und 1932.

Wir gehen auf dem Kallenberg-weg immer parallel zum Zaun geradeaus, wo wir an der 1908 vom

Verschönerungsverein der Stadt Stuttgart errichteten Wellinghütte vorbeikommen.

Der **Welling-Wald** trägt diesen Namen nach der einstigen Besitzerfamilie Welling, die seit dem frühen 15. Jahrhundert in Stuttgart nachweisbar ist und zu den wohlhabendsten Familien der Stadt gehörte. Sie stellte mehrfach die Bürgermeister, taucht jedoch nach 1600 in der Stuttgarter Chronik nicht mehr auf. Etwa bei der Wellinghütte erreichen wir wieder die alte Markungsgrenze. Etwa von hier bis zur Mittleren Filderstraße und südlich bis fast zur Waldgrenze bei Kleinhohenheim reichte der Wald der Familie Welling und somit auch die Stuttgarter Markung.

Etwa 150 Meter nach der Wellinghütte erreichen wir den GutsMuths-Weg, in den wir links einbiegen. Nach etwa 150 Metern, das heißt knapp hinter der Einmündung des Friedrich-Strobel-Weges, biegt ein Weg schräg rechts ab, der direkt zur Stadtbahnhaltestelle »Ruhbank« (U7, U8, Straßenbahnlinie 15) führt. Dort überqueren wir die Mittlere Filderstraße und gehen über die Endhaltestelle der Straßenbahnlinie 15 sowie an der rekonstruierten Ruhebank vorbei zur Fußgängerampel über die Kirchheimer Straße.

Die **Ruhebänke** oder »Gruhen« sind in Südwestdeutschland und insbesondere im Stuttgarter Raum an vielen Stellen aufgestellt gewesen. Sie dienten zum Abstellen der

Der Fernsehturm –
das Wahrzeichen Stuttgarts

auf dem Kopf und auf dem Rücken getragenen Lasten, die zu den Märkten transportiert wurden.

Nach der Überquerung der Kirchheimer Straße gehen wir geradeaus in den »Silberwald« hinein. Nach etwa 100 Metern erreichen wir das Silberwaldsträßle, in das wir rechts einbiegen.

Der Name rührt wohl daher, dass 1460 Graf Ulrich der Vielgeliebte von Württemberg hier nach Silber und Blei schürfen ließ, allerdings ohne Erfolg.

Am zweiten Querweg, der das Silberwaldsträßle diagonal kreuzt, wenden wir uns im spitzen Winkel links. Dieser so genannte »Hintere Silberwaldweg« führt uns hinab zur Buowaldstraße. Auf dieser gehen wir wenige Schritte nach links weiter, bis wir rechts in das »Landschreibersträßle« einbiegen. Auf diesem breiten Hauptweg erreichen wir nach zwei Kehren und an einer Grillstation vorbei den Talgrund des Tiefenbachs.

Das Waldgewann »Landschreiber« hat seinen Namen von einem früheren Besitzer, dem Landschreiber Heinrich Lorcher, dessen Sohn 1534 den Wald der Stadt Stuttgart verkauft hat.

Der Tiefenbach ist hinter der großen Wegkreuzung zu einem kleinen See aufgestaut. Wer Lust hat, kann ein paar Schritte nach links machen, wo der Tiefenbach durch eine Wassertretanlage fließt, die zur Abkühlung heißgelaufener Wanderfüße einlädt.

Der Bach kommt dort aus der **»Falschen Klinge«** herunter, die bereits seit dem 14. Jahrhundert so genannt wird. Der Name hat seinen Ursprung in einem »Falschen Stein«. Südlich der Falschen Klinge, wo die Markungen von Stuttgart, Sillenbuch und Rohracker zusammenstoßen, muss im Mittelalter ein Grenzstein willkürlich versetzt worden sein. Dieses verbrecherische Tun hat damals offensichtlich so großes Aufsehen erregt, dass es untrennbar mit dieser Gegend verbunden blieb. In der nur schwer zugänglichen »Falschen Klinge« an der Markungsgrenze soll auch der Stuttgarter »Ehrlosenfriedhof« sowie ein Schindanger gewesen sein.

Die alte Stuttgarter Markungsgrenze verlief z-förmig von der Kirchheimer Straße hinunter zum Staudamm des Tiefenbachs und folgte dem Bach ab hier talwärts.

Wir gehen auf der anderen Seite des Seedamms nach rechts und folgen diesem Weg entlang des Tiefenbachs bis zu den ersten Häusern von Rohracker. Dort, wo der Wald aufhört und Gärten beginnen, steigt die ehemalige Grenze entlang des Waldrandes bis hinauf zur Frauenkopf-Siedlung. Da es hier keinen Weg zum Aufstieg gibt, müssen wir einen kleinen Umweg über die einstige Burg Rohreck machen.

Am Ortseingang von Rohracker nehmen wir den Weg links am Zaun entlang, so dass die Grünanlage rechts von uns bleibt. Nach gut 200 Metern führen Treppenstufen

rechts hinab in die Tiefenbachstra-
ße, wo wir an der Tiefenbachschule
vorbei und dahinter sofort links auf
einem schmalen Fußweg – teilweise
über Stufen – hinauf zur Rohracker-
straße gelangen. Dort wenden wir
uns links und erreichen nach wenigen Metern wieder den Ortsrand.
Unser Weg führt nun durch Weinberge und Gärten bergauf.

In einer Linkskurve schneidet er
hohlwegartig einen kleinen Bergsporn vom Hang ab. Auf diesem
abgeschnittenen Sporn stand einst
die **Burg Rohreck**. Der gesamte
Weinberghang mit den Gärten
heißt daher heute »Burghalde«.
1286 werden in einer Urkunde die
mutmaßlichen Besitzer der Burg,
Wolfram der Ältere und Wolfram
der Jüngere von Rohreck, genannt.
Beide gehörten ins Geschlecht der
Edelfreien von Bernhausen. Doch
schon 1365 verkaufte Johannes
von Bernhausen die Burg Rohreck
und das Dorf Rohracker an den
Grafen Eberhard von Württemberg.
Seit dieser Zeit hört man nichts
mehr von einer Burg. Wahrscheinlich haben die Württemberger das
für sie nutzlose Gemäuer aufgegeben und die Steine wurden wie üb-
lich in der Umgebung wieder verwendet. Noch zu Beginn des
17. Jahrhunderts sollen Mauerreste
und der Graben zu sehen gewesen
sein, aber heute ist alles, was im
Gelände an die Burg erinnern
könnte, verschwunden.

Die alten Weinbergmauern, die
teilweise noch aus dem 19. Jahr-

hundert stammen, bestehen aus
Stubensandstein und besitzen an
manchen Stellen beschriftete Stei-
ne. Auch sollte man sich ab und zu
umdrehen und den Ausblick zum
Schurwald und nach Sillenbuch am
jenseitigen Talhang genießen. Am
oberen Ende des Weges durch die
Rohrecker Burghalde steht linker
Hand ein alter Unterstand für den
Wengertschütz. Noch heute sind die
Weinberghüter im Spätsommer und
Herbst unverzichtbar, um Vogel-
schwärme und andere Tiere durch
Schüsse von den reifenden Trauben
fern zu halten.

Am Waldrand erreichen wir wieder die alte Markungsgrenze. Links
liegt nun das Gewann »Untere Burghalde«. Nach wenigen Metern im
Wald führt uns ein Weg scharf
rechts empor zur Rosengartenstraße
am Rand der Siedlung Frauenkopf.
In der Rosengartenstraße gehen wir
links und dann am Waldrand – von
nun an wieder auf der alten Grenzlinie – aufwärts bis zur Frauenkopfstraße, welche wir überqueren. Auf
der anderen Seite nehmen wir den
links zwischen Wald und Garten-
zaun bergauf führenden Fußweg,
an dessen oberen Ende uns der
Grenzstein Nummer 51 mit dem
Stuttgarter Rössle erwartet.

Der Ortsteil **Frauenkopf** ist zu
Beginn des 20. Jahrhunderts auf
Gartengelände entstanden. Erste
Baugesuche gab es bereits vor dem
Ersten Weltkrieg. 1926, als die Sied-
lung an die Stromleitung ange-
schlossen wurde, gab es neun Häu-

Weinberge und Gartenanlagen bei Rohracker

ser. Heute gilt sie als bevorzugte Wohngegend. Nach dem Zweiten Weltkrieg wohnte in der Frauenkopfstraße 14 die deutsche Kronprinzessin Cecilie bis kurz vor ihrem Tod 1954.

Am Grenzstein Nummer 51 erreichen wir die Distlerstraße, an der wir links auf dem so genannten Frauenkopfweg in den Wald gehen. Etwa 100 Meter hinter dem Wasserhochbehälter steht rechts des Weges ein weiterer Grenzstein mit der Inschrift ST für Stuttgart und der Nummer 44. An der Wegegabelung halten wir uns rechts. Von hier aus sieht man wieder einen Grenzstein.

Er trägt neben der Nummer 42 die Initialen ST sowie eine Hirschstange als Symbol des Hauses Württemberg, die hier Waldbesitzer waren. Die einstige Grenze verläuft nun in unregelmäßigem Zickzack nach rechts durch den Wald bergab zur Straße »Waldebene Ost«.

Etwa im Bereich der Wegegabelung befand sich die **Kapelle »Unser lieben Frau«,** von ihr hat der Frauenkopf seinen Namen. Sie wird seit 1508 erwähnt und dürfte eine Kapelle der Viehhirten gewesen sein.

Wir gehen rechts an dem Zaun des Waldheims entlang. Durch die Bäume hindurch sehen wir hinter dem Waldheim den 1970 bis 1972 von Fritz Leonhardt und Partner erbauten Fernmeldeturm Frauenkopf mit einer Höhe von 192,4 Metern. An der Stelle, an welcher der Zaun umknickt, führt ein Weg rechts bergab, den wir nun weitergehen. Wir überqueren den Dürrbachmittelweg und gehen geradeaus.

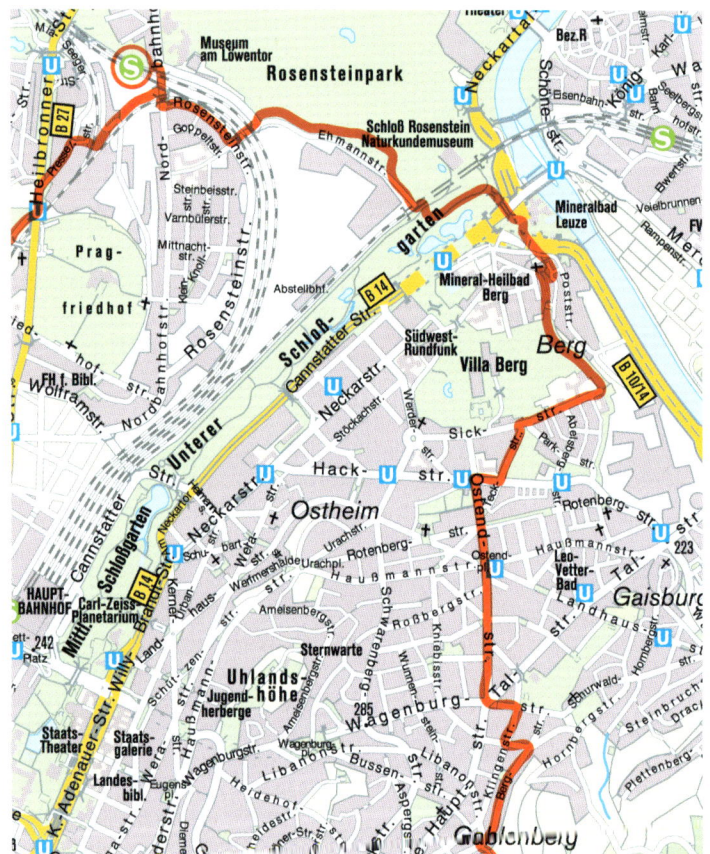

Rechts liegt das Gewann »Watten-hau«, ein Stadtwald, wie das Rössle-wappen auf dem Schild ausweist. Der Weg mit dem roten Punkt zweigt nun rechts ab, wir jedoch ge-hen immer noch geradeaus weiter, lassen auch den zu einer Schranke mit dahinterliegendem Parkplatz abgehenden Weg links liegen und

erreichen einen schmalen Pfad in den Wald hinein. Auf ihm gelangen wir immer noch strikt geradeaus ge-hend nach kurzer Zeit zum Parkplatz an der Straße »Waldebene Ost«.

Auf der anderen Straßenseite sehen wir das Hinweisschild »Zum Im Buchwald/Auf der Heide/Hoch-sitz«. Gleich links davon, nur wenige

Meter im Wald, steht ein gut erhaltener Grenzstein mit der Ordnungsnummer 29 und den Initialen ST für Stuttgart und GB für Gaisburg. Wir nehmen rechts dieser zum Buchwald abzweigenden Straße im Wald einen Fußweg, der uns bald zu zwei weiteren Grenzsteinen führt. Nach etwa 200 Metern treffen wir rechts des Weges auf den Grenzstein Nummer 27, auf der Stuttgarter Seite wiederum mit den Buchstaben ST gekennzeichnet, die Rückseite zeigt GB für Gaisburg. Bald entdecken wir auf der linken Seite einen etwas im Boden eingesunkenen Grenzstein, bei dem nur noch die Initialen ST sichtbar sind.

Wir gehen links aus dem Wald hinaus und die Straße »Im Buchwald« abwärts. An dem Kreisverkehr gehen wir nicht rechts in den Weg, sondern die Straße »Im Buchwald« weiter bis zum Haus Nummer 51, neben dem die Buchwaldstaffel – zunächst als ebener Weg – beginnt. Bald haben wir einen prachtvollen Ausblick über Gablenberg und die Uhlandshöhe hinweg bis nach Ludwigsburg.

Die Buchwaldstaffel ist der alte Grenzsteig von **Gablenberg** hinauf zum Frauenkopf. Gablenberg wird schon 1275 erstmals erwähnt und dürfte von Berg aus gegründet worden sein. Zusammen mit Berg gehört es seit frühester Zeit zur Markung Stuttgart.

Am unteren Ende der Buchwaldstaffel erreichen wir die Bergstraße und gehen in ihr, immer auf der alten Grenze, nach rechts bis zur Pflasteräckerstraße weiter. Durch diese gelangen wir zur Klingenstraße, die uns rechts bis an die Wagenburgstraße führt.

Die Grünanlage vor uns ist das alte Tälchen des Klingenbachs, der, an Gaisburg vorbei, in den Neckar floss. Rechts oberhalb des Einschnitts steht die **Herz-Jesu-Kirche**, ein von Clemens Hummel 1929 bis 1932 nach frühchristlichen Vorbildern errichteter Bau.

Etwa an der Kreuzung Klingenstraße/Wagenburgstraße lag durch alle Jahrhunderte hindurch ein wichtiger Grenzpunkt der Stuttgarter Markung.

Hier standen zwei Grenzsteine mit der Nummer 1. Denn von hier aus wurden alle Grenzsteine durchgezählt, und zwar einmal in Richtung Berg und einmal in Richtung Frauenkopf. Im Nesenbachtal unterhalb von Kaltental stießen die beiden Zählungen aufeinander. Auf der südlichen Grenze zählte man 220, auf der nördlichen 224 Grenzsteine. Die gesamte Markung Stuttgart war also durch 444 Grenzsteine markiert. Wir konnten bei unserer bisherigen Wanderung einige davon sehen.

Von diesem ehemaligen Grenzzählpunkt aus sind es nur wenige Schritte links hinauf bis zur Kreuzung, von der unter anderem die Ostendstraße – unser weiterer Weg – abgeht.

Unweit dieser großen Kreuzung lag seit 1818 die **»Kleemeisterei«**.

Es war ein von Wiesen umgebenes Wohn- und ein Stallgebäude, das der »Kleemeister« bewohnt hat. Seine Aufgabe war vor allem, drei Mal wöchentlich die öffentlichen Wasserbehälter der Stadt zu kontrollieren und die Tierkadaver zu beseitigen. In früheren Zeiten hatte der Kleemeister zugleich auch die Aufgabe des Scharfrichters von Stuttgart zu übernehmen.

Wir gehen nun durch die Ostendstraße bis zur Hackstraße, überqueren diese und erreichen nach wenigen Schritten rechts die Teckstraße. Ostendstraße und Teckstraße zeichnen in ihrem Verlauf weitgehend die alte Markungsgrenze nach. Unterwegs zwischen Ostendplatz und Rotenbergstraße liegt linker Hand die Ostheim-Siedlung.

Sie wurde auf Veranlassung von Eduard Pfeiffer durch den Verein für das Wohl der arbeitenden Klassen zwischen 1891 und 1896 auf freiem Feld am Rand der Stuttgarter Markung errichtet. Eine vom Verein erhobene Untersuchung über die Wohnungssituation in Stuttgart hatte Erschreckendes offenbart: In 1331 Wohnungen wohnten 5084 Personen, für die jedoch nur 3317 Betten zur Verfügung standen. Nur 219 Wohnungen hatten einen eigenen Abort und gerade 329 Wohnungen besaßen eine separate Küche. Um diese unwürdigen Zustände zu ändern, sind die Siedlungen in und um Stuttgart entstanden. Der interessante Grundriss **Ostheims**

mit Diagonalstraßen und Plätzen auf den Straßenkreuzungen stammt von Regierungsbaumeister Friedrich Gebhardt, die Gestaltung der einzelnen Häuser oblag den Architekten Heim, Hengerer und Sipple. Die Siedlung ist weitgehend original erhalten.

Nach einem kurzen Anstieg in der Ostendstraße überqueren wir die Hackstraße und gehen diese rechts, bis wir in die Teckstraße links einbiegen.

Nun liegen rechts die Gebäude des 1901 bis 1904 entstandenen ehemaligen Versorgungskrankenhauses, in denen jetzt der »Kulturpark Berg« untergebracht ist.

Am Ende der Teckstraße stoßen wir auf den Park der Villa Berg.

Der Hügel, auf dem die Villa steht, wurde früher Höllscher Bühl genannt. Noch als Kronprinz hatte der spätere König Karl diesen Berg wegen seiner unvergleichlichen Aussicht ins Neckartal und nach Stuttgart als Platz für seine Residenz ausgewählt. Christian Leins errichtete hier bis 1853 »eine der schönsten und reizendsten Schöpfungen der Neuzeit«, wie es von den Zeitgenossen formuliert wurde. Tatsächlich gehört die **Villa Berg** zu den bedeutendsten Bauten des 19. Jahrhunderts auf deutschem Boden. Ihr Wert wurde lange Zeit verkannt. Nach den Zerstörungen des Zweiten Weltkriegs wurde sie zum Sendesaal des Rundfunks ausgebaut.

Vor dem Park gehen wir die querende Sickstraße rechts abwärts.

Links von uns liegt nun der Betriebshof Mitte-Nord des Garten- und Friedhofsamtes.

An seiner Stelle stand bis zum Zweiten Weltkrieg die **Orangerie** mit seitlichen Gewächshäusern, die Christian Leins 1845 als ersten Bau im Park errichtet hat. Die erlesen ausgestatteten Innenräume dienten dem Kronprinzenpaar bis zur Fertigstellung der Villa im Jahr 1853 als Wohnung. Nach dem Zweiten Weltkrieg wurden die Gebäude beseitigt und es wurde auf einem Teil des Grundstücks die Freifläche des Betriebshofs angelegt.

Rechts von uns liegt die **Raitelsbergsiedlung**, die in den Jahren 1926 bis 1928 von verschiedenen Architekten errichtet wurde. Sie umfasst 722 Drei- und Vierzimmerwohnungen. An den Häusern der Abelsbergstraße fallen die turmartig erhöhten Dachaufbauten sowie die Fassadenfiguren ins Auge und über den Hauseingängen befinden sich Darstellungen von Fabelwesen.

Vorbei an der Johann-Friedrich-von-Cotta-Schule, in der unter anderem das Wirtschaftsgymnasium Ost untergebracht ist, kommen wir zu einem mit rotem Sandstein verkleideten Hochbunker aus dem Zweiten Weltkrieg. Unmittelbar vor der ins Neckartal hinabführenden Treppe gehen wir links in den Park der Villa Berg hinein. Unser Weg verläuft direkt am steil abfallenden Gelände, dem einstigen Prallhang des Neckars entlang.

Die Berger Kirche wurde 1855 als »Hofkirche« für die Bewohner der Villa Berg gebaut.

Seit der Zeit um 1300 gab es unterhalb der Berger Kirche Mühlen. Später wurde der Neckar umgelenkt und an der Hangkante der Mühlkanal angelegt. In Zusammenhang mit der Neckarregulierung hat man die Kanäle im Jahr 1929 zugeschüttet. Den Steilhang ließ König Karl mit Wegen, Sitzbänken und Wasserfällen aufwendig gestalten und mit alpinen Pflanzen besiedeln. Von dem reizvollen Garten sind im Gelände nur noch ein paar Wege auszumachen.

Die einstige Markungsgrenze stieß im Zuge der Sickstraße auf die

Hangkante des Neckartals und verlief dann an dessen Fuß so um den Mühlenbezirk herum, dass dieser noch auf Stuttgarter Gebiet lag. Jedes Mal, wenn der Mühlenbereich ausgebaut wurde, hat man auch die Markungsgrenze zu Gunsten von Stuttgart korrigiert.

Wir halten uns immer rechts oberhalb des Abhangs und gehen am Ende des Wegs auf das helle Haus zu. Kurz davor erblicken wir links im Unterholz und auf der Wiese einige Grabsteine.

Sie sind die letzten Zeugen des **Neuen Kirchhofs Berg**, auf dem von 1825 bis 1901 etwa 2500 Personen bestattet wurden. Nachdem das Friedhofsgelände schon 1951 dem Park zugeschlagen worden war, hat man bis zum Frühjahr 1977 die meisten Grabsteine abgeräumt.

An dem Haus vor uns gehen wir rechts vorbei und auf dem Fußweg bis kurz vor die Berger Kirche.

Wir haben von hier aus einen herrlichen Blick auf das Neckartal mit der **Grabkapelle** und dem Schurwald dahinter. Der jetzige Kirchenbau wurde 1853 bis 1855 durch Ludwig Gaab im neugotischen Stil vor allem als Hofkirche für das kronprinzliche Paar und deren Bedienstete errichtet. Der baufällige Vorgängerbau von 1470 war im Jahr vor dem Baubeginn abgebrochen worden.

An der Treppenanlage wenden wir uns zweimal nach rechts und gelangen an kleineren Häusern vorbei zur Straße »Am Mühlkanal«.

Dort gehen wir links an den alten Giebelhäusern entlang.

Das mit Holz verkleidete Haus Nummer 12 besitzt noch vorkragende Obergeschosse und dürfte aus dem 16. oder 17. Jahrhundert stammen.

Das **Berger Mühlenviertel** war das leistungsfähigste in Württemberg. Die beiden Hauptmühlen besaßen je sechs Mühlräder, insgesamt gab es in Berg 23 Mühlwerke. Sie trieben unter anderem eine Mahlmühle, eine Sägemühle, eine Gewürzmühle und eine Lohmühle an. Auch die herzogliche Münze hat hier zeitweilig mit Wasserkraft Geld geprägt und die benachbarte Seidenmanufaktur ließ sogar die Seidenfäden von den Kokons der Seidenraupen durch eine Wassermühle abwickeln. Das vom Schwarzwald den Neckar herunter geflößte Holz wurde im Floßkanal an den Mühlen vorbeigelenkt und in einem riesigen Holzgarten unterhalb gelagert, bis es gesägt werden konnte.

In der Straße »Am Mühlkanal« gehen wir geradeaus auf die Schreinerei zu und über ein paar Treppenstufen links vorbei zur Nißlestraße.

Linker Hand, direkt unterhalb der Berger Kirche, steht das Gebäude des Hochkellers der Hinteren Mühle von 1848, in dem heute ein Keramikatelier eingerichtet ist. An der Nißlestraße gleich rechts des Gehsteigs sieht man an einem Sandsteineckpfeiler rekonstruierte Hochwassermarken der Jahre 1817, 1824 und 1851. Nun versteht man, warum ein »Hoch«-Keller hier zweckmäßig war.

Von hier aus erscheint die Lage der **Berger Kirche** besonders eindrucksvoll. Nun wird deutlich, dass der Gedanke an eine Burg dort oben nicht abwegig ist. Tatsächlich gab es im 13. Jahrhundert ein ortsadeliges Geschlecht, das auf der Burg Berg saß. Aber bereits 1291 muss die Burg zerstört und müssen die Bewohner umgekommen sein, denn sie werden später nie mehr erwähnt. Höchstwahrscheinlich ist die erste Berger Kirche um 1300 aus der Burgkapelle hervorgegangen und der Burghof als Friedhof benutzt worden. Beim Neubau der jetzigen Kirche wurden die letzten Reste der Burg beseitigt und der Graben zugeschüttet.

Wir überqueren die Nißlestraße und gehen geradeaus auf dem Fuß- und Radweg sanft bergan.

Links sehen wir an der Straße das **Wera-Haus** liegen, das Herzogin Wera 1904 zur Unterbringung eines Kindergartens, eines Gesellenheims, von Chorübungsräumen und eines Restaurants gestiftet hat. Bald kommen wir zu einer Brunnenanlage, wo man das Heilwasser der Leuze-Quelle trinken kann.

Rechts von uns befindet sich das **Mineralbad Leuze**, das auf eine bewegte Geschichte zurückblicken kann. Schon im Jahr 1833 hatte ein Tuchfabrikant aus Berg eine artesische Quelle erbohren lassen, um eine billige Antriebskraft für sein am

Neckar gelegenes Werk zu haben. Da im benachbarten Cannstatt um diese Zeit der Badebetrieb einen Aufschwung erlebte, kam der Mechanikus Augustin Koch auf den Gedanken, die Quelle müsse sich auch zu Heilzwecken nutzen lassen. 1840 erhielt er die Erlaubnis, neben der Quelle ein Gebäude mit 17 Badezimmern zu errichten. Zwei Jahre später wurde die Badeanstalt eröffnet und hatte bald großen Zulauf. Warum heißt das Mineralbad aber dann heute »Leuze«?

Als 1848 viele Württemberger nach Amerika auswanderten, wurde auch ein gewisser Ludwig Leuze, seines Zeichens Bürgermeister von Ölbronn bei Maulbronn, vom Fernweh ergriffen. Einer Auswanderung der Familie stand nur noch der Rheumatismus seiner Frau im Wege, die zur Kur ins Kochsche Bad nach Berg fuhr. Die Heilerfolge waren so überraschend, dass Ludwig Leuze die Amerika-Pläne aufgab und stattdessen das Mineralbad in Berg erwarb. Nach einem grundlegenden Umbau wurde es 1854 wieder eröffnet. Auch die württembergische Königsfamilie ging bei Leuze ins Bad, weshalb dieser spezielle Nobelbäder für die feine Gesellschaft eingerichtet hatte. 1886 kam zu den Wannenbädern noch eine Schwimmhalle dazu, die aber wegen der hohen Konzentration von Kohlensäure im Wasser große Dachöffnungen zum Abzug des Gases haben musste.

Da das Bad auf einer von Neckar und Floßkanal umspülten Insel lag,

Herbstfärbung im Rosensteinpark

hieß das Leuze'sche Mineralbad bei der Bevölkerung »Inselbad«. Nach dem Ersten Weltkrieg verkaufte es die Familie an die Stadt Stuttgart, blieb aber Pächter des Bades. 1944 wurde die gesamte Anlage von Bomben zerstört. Beim Löschen zog sich der Urenkel des Gründers, Albert Leuze, so schwere Verbrennungen zu, dass er zwei Wochen später daran starb. Damit waren fast 100 Jahre Familientradition zu Ende. Das »Leuze« wurde nach dem Krieg Zug um Zug ausgebaut und modernisiert. Die künstlerische Ausgestaltung oblag dem Bildhauer Herbert O. Hajek. Mit 1700 Quadratmetern Wasserfläche in sechs Becken gehört es heute zu den attraktivsten Mineralbädern der Region Stuttgart.

Auf unserem Weg über die beiden Hängebrücken, die uns über die Bundesstraße 14 und über die Stadtbahngleise führen, kommen wir an den »Berger Sprudlern« vorbei.

Diese vulkanähnlichen Quellsprudler stehen symbolisch für den Reichtum an Mineralquellen in Bad Cannstatt und Berg, wo jeden Tag 22 Millionen Liter aus dem Boden fließen. Sie wurden zur Bundesgartenschau 1977 angelegt.

Da das Gelände des Rosensteinparks seit jeher zu Cannstatt gehörte, lassen wir das Schloss Rosenstein rechts liegen und gehen links auf die beiden Torhäuschen in Richtung Stuttgart zu.

Von dort unten hat man einen besonders schönen Blick auf das

Schloss Rosenstein beherbergt eine stattliche biologische Schausammlung.

Schloss und die davor aufgestellte **Nymphengruppe** Johann Heinrich Danneckers. Eine Ausfertigung der Marmorgruppe stand ursprünglich vor dem Neuen Schloss am Theatersee und wurde im Zweiten Weltkrieg zerstört. Die Bildhauerin Doris Schmauder hat das Kunstwerk nach Danneckers Originalmodellen in den 1980er-Jahren neu geschaffen. Weitere Exemplare stehen im Gelände des Mineralbades Berg, im Städtischen Lapidarium an der Mörikestraße sowie in Tübingen.

Schon im Mai 1815 hatte König Friedrich von Württemberg wegen der schönen Aussicht auf das Neckartal die Kaiser von Österreich und Russland auf den damals noch »Kahlenstein« genannten Hügel geführt. Möglicherweise ist damals

schon der Gedanke an einen schlossähnlichen Landsitz geboren worden, denn seit 1817 wurden die mehr als 500 Einzelgrundstücke von König Wilhelm I. systematisch aufgekauft. Erste Schlossentwürfe hat Hofbaumeister Giovanni Salucci 1820 vorgelegt. Schließlich wurde 1824 der Grundstein für das heutige Schloss gelegt, nachdem der König verfügt hatte: »Dem auf dem Kahlenstein zu erbauenden **Schloss** will ich den Namen **Rosenstein** beigelegt haben.« Als Vorbild für die Architektur dürfte die Münchner Glyptothek des Baumeisters Leo von Klenze gedient haben.

Bis zu 300 Arbeiter gleichzeitig waren auf der Baustelle beschäftigt. Das Steinmaterial wurde zunächst von den Rotenberger Steinbrüchen, dann, als diese erschöpft waren, von der Feuerbacher Heide, später aus Kornwestheim und schließlich von Heilbronn herangeschafft. Am 28. Mai 1830 konnte das Schloss in Anwesenheit von 1000 Gästen eingeweiht werden. König Wilhelm I. hat nie in Schloss Rosenstein gewohnt, weil eine Zigeunerin ihm geweissagt hatte, er würde sterben, wenn er eine Nacht dort zubrächte. Am 20. Juni 1864 zog der König auf Anraten seiner Ärzte der frischen Luft wegen doch dorthin um. Fünf Tage später ist er, wie einst vorhergesagt, auf Schloss Rosenstein gestorben. Seine letzten Worte sollen gewesen sein: »Es schmerzt sehr, von einem so schönen Lande abscheiden zu müssen.« Heute ist im Schloss das Museum für Naturkunde eingerichtet.

Wir gehen nur wenige Schritte unterhalb der Torhäuschen rechts über den Tunneleingang des Rosensteintunnels der Eisenbahn.

Dieser wurde in Zusammenhang mit der Planung des neuen Stuttgarter Hauptbahnhofs in den Jahren 1912/13 als leistungsfähiger Tunnel mit vier Gleisen gebaut. Er ist noch heute in Betrieb. Der alte, 1844 bis 1846 entstandene Tunnel hatte nur zwei Gleise aufnehmen können. Er wurde im Ersten Weltkrieg geschlossen. Da er direkt unter Schloss Rosenstein liegt, soll er nach einer Renovierung als Ausstellungsraum ins Naturkundemuseum einbezogen werden.

Über dem Tunneleingang sieht man links ein Relief mit geflügelten Eisenbahnrädern und einem Kind mit Lokomotive dazwischen sowie rechts die Darstellung, wie ein Kind zwei Tiere verfolgt.

Wir gehen am alten Bahnpostamt rechts vorbei in die Ehmannstraße hinein.

Sie ist heute die Grenze zwischen den Stadtbezirken Stuttgart und Bad Cannstatt.

Wir können bei der nächsten Möglichkeit in den Rosensteinpark hineingehen, wo wir uns immer links halten, bis wir zur Straßenunterführung unter den Bahnlinien hindurch kommen.

Bevor es die Eisenbahn gab, verlief die Markungsgrenze von Stuttgart quer über das heutige Gleisgelände und durch das Nordbahnhofviertel zwischen Varnbüler- und Steinbeisstraße zur Heilbronner Straße. Vor der Neubauplanung der Bahnanlagen wegen des neuen Hauptbahnhofs sollte das ganze Gelände des späteren »Äußeren Abstellbahnhofs« mit dem Nordbahnhofviertel bebaut werden. Wo sich heute die Gleise befinden, sollten eine Brodhagstraße, eine Leinsstraße, eine Eglestraße und eine Parkstraße entstehen.

Unter den fünf Brücken der Eisenbahn gelangen wir zur Rosensteinstraße, welche wir rechts gehen. Unter Platanen und immer unterhalb des Bahndamms gelangen wir zu den Brückenbogen der hier abzweigenden Gäubahn, die in Richtung Böblingen, Horb und weiter in die Schweiz führt.

Wohnhäuser unter den Brückenbogen der Gäubahn

Das lang gezogene Wohngebäude auf der linken Seite ist ein beeindruckendes Beispiel für einen der Topografie angepassten Siedlungsblock ohne die früher in Stuttgart üblichen Abstände zwischen den Einzelgebäuden, den so genannten »Bauwich«. Unter den Brückenbogen der Gäubahn stehen drei kleine Wohnhäuser mit Garten – ein malerisches und zugleich ungewöhnliches Bild!

Wir erreichen hier die Nordbahnhofstraße, wo wir nach rechts zur S-Bahnstation »Nordbahnhof« gehen können.

■ **Länge:**
Etwa 15 Kilometer.

■ **Zeit:**
Etwa 4 Stunden.

■ **Höhenmeter:**
Etwa 540 Meter.

■ **Sonstiges:**
Die Tour verläuft auf Straßen und Naturwegen, gutes Schuhwerk ist empfehlenswert.

■ **Charakter:**
Wir wandern durch Wohngebiete, Kleingärten, Wald und Weinberge. Unterwegs kann man sich im Mineralheilbad Leuze erfrischen, das Museum im Schloss Rosenstein oder das Museum am Löwentor besuchen.

■ **Einkehrmöglichkeiten:**
Restaurant der Turn- und Spielgemeinschaft Stuttgart, Wiedmanns Waldstuben, Der Grieche im Grünen.

Einmal quer durch die Stadt – der Stuttgarter Markt- und Milchfrauenweg

■ **Ausgangspunkt:**
Stadtbahnstation Silberwald (U 7, U 8).

■ **Endpunkt:**
Stadtbahnstation Wilhelm-Geiger-Platz (U 6, U 13).

■ **Wegverlauf:**
Die Wanderung beginnt an der Einmündung der Trossinger Straße in die Kirchheimer Straße in unmittelbarer Nähe zur Haltestelle »Silberwald« der Stadtbahn.

Direkt gegenüber fällt ein 1903 im Landhausstil errichtetes Haus auf, das als Nummer 14 zur Kirchheimer Straße zählt. Es war etwa 20 Jahre lang das Wohnhaus des Kunstmalers Friedrich Zundel und dessen Gemahlin Clara Zetkin. Clara Zetkin war eine herausragende Frauenrechtlerin und Politikerin. Sie starb 1933 in Moskau. In ihrem Sillenbucher Haus verkehrten unter anderem Rosa Luxemburg und Wladimir Iljitsch Lenin, der seinerzeit zu Fuß vom Stuttgarter Bahnhof nach Sillenbuch lief.

Auf Sichtweite – vielleicht 150 Meter entfernt – befindet sich in der Kirchheimer Straße (Richtung Stuttgart) ein Kulturdenkmal, das uns an die Zeiten erinnert, als die Milch- und Marktfrauen noch zu Fuß von den Filderdörfern nach Stuttgart gingen: eine Gruhe oder Gruebbank, auch Ruhebank genannt, aus Stubensandstein. Wir gehen ein Stück lang der Straße bis zu dieser Gruhe.

Auf der daneben angebrachten Tafel steht: »Steinerne Gruhen – allgemein werden sie als Ruh- oder Ruhebänke genannt. Die Mehrzahl, meist aus Naturstein gefertigt, stammt aus dem 17. bis 19. Jahrhundert. Aufgestellt wurden sie nur im Nordelsass und im Neckarland, wo sie stellenweise heute noch zu finden sind. Besonders für die Landfrauen von den Fildern, die ihre Produkte zum Stuttgarter Markt tru-

gen, waren die Ruhebänke eine ein-
fache, aber dennoch eine sehr sinn-
reiche Einrichtung. Körbe vom Kopf,
Butten und Reffen (geflochtene
Tragkörbe) vom Rücken, Säcke und
Kannen aus den Händen konnten in

der jeweils passenden Höhe abgesetzt und nach dem Ausruhen wieder bequem aufgenommen werden. Die steinernen Gruhen stehen
heute unter Denkmalschutz.« Die
Gesamtzahl der einst errichteten

Gruhen, die bis zu 300 Jahre alt sein können, schätzt man auf etwa 600. Davon sind heute noch knapp 200 erhalten.

Wenige Meter hinter dieser Gruhe geht rechts ein Saumpfad von der Kirchheimer Straße ab, der uns bald auf einen breiteren Waldweg in Richtung Stuttgart führt. Wir gehen nun auf dem Oberen Silberwaldsträßle durch den so genannten Silberwald bis zur »Ruhbank«.

Die Bezeichnung Silberwald rührt von den 1460 unter Graf Ulrich dem Vielgeliebten von Württemberg hier durchgeführten Schürfungen nach Silber und Blei her.

Unser gut zwei Meter breiter, mit Splitt bestreuter Weg verläuft relativ eben in einigem Abstand zur Kirchheimer Straße. Am dritten Querweg, wo rechts an einer Buche ein Schild mit der Bezeichnung »Silberwaldsträßle« angebracht ist, gehen wir nach links zur Schranke. An der Fußgängerampel überqueren wir die Kirchheimer Straße und stehen an der Endhaltestelle der Straßenbahnlinie 15. An der Wendeschleife steht die noch etwas neu wirkende Rekonstruktion jener »Ruhbank«, die namensgebend für die Haltestelle war.

Wir überqueren die Mittlere Filderstraße an der Fußgängerampel bei der Einmündung des Georgiiweges und gehen gleich den ersten Weg durch den so genannten Armenkastenwald nach rechts zum Fernsehturm.

Der Name »Armenkastenwald« taucht erstmals Mitte des 16. Jahrhunderts auf, vorher hieß er »Almosenwald«. Diese Bezeichnung belegt, dass die Stuttgarter Armenstiftungen schon sehr früh Eigentumsrechte an diesem Wald auf dem Hohen Bopser hatten. Der Überlieferung nach hatten die Grafen von Württemberg einst das Gelände, das vor allem mit Eichen und Birken bestanden war, für die Armenfürsorge gestiftet. Den Besitz des »Armenkastenwaldes« musste Stuttgart übrigens mit einigen »Flecken und Weilern« auf den Fildern, nämlich mit Degerloch, Ittinghausen (heute Hoffeld), Birkach, Riedenberg und Sillenbuch teilen.

Wir gehen an dem doppelt gesicherten Zaun links um die Fernsehturmanlagen herum in Richtung Grillstand und Toilettenanlage. Dort am Guts-Muths-Weg wenden wir uns nach rechts bis zur Jahnstraße. (An der Einmündung des Guts-Muths-Wegs in die Jahnstraße gibt es keinen ampelgeregelten Übergang. Die Straßenüberquerung ist daher wegen des Verkehrs nicht ungefährlich. Zur Sicherheit kann man auch etwa 200 Meter weiter in Richtung Degerloch gehen und die Jahnstraße an der Fußgängerampel überqueren.) Auf der anderen Seite der Jahnstraße gehen wir in den Wald hinein und erreichen nach wenigen Schritten den »Melittastraße« genannten Waldweg, der parallel zur Jahnstraße verläuft. Dort wenden wir uns nach rechts.

Die Ruhebank an der Kirchheimer Straße in Sillenbuch diente einst dem Abstellen von Traglasten.

Nach 200 Metern führen dicht beieinander zwei Wege ins Stuttgarter Tal. Der erste von ihnen, der »Obere Bopserweg« verläuft zur Bopserhütte. Wir nehmen den zweiten, den »Steilen Bopser«, der früher für die Markt- und Milchfrauen sowohl beim Auf- wie beim Abstieg eine Herausforderung darstellte.

Die Handwagen, auf denen die vollen Milchkannen talwärts transportiert wurden, waren wegen des Gefälles mit besonders starken Bremsen ausgestattet. Wegen der vielen Milchtransporte über den »Steilen Bopser« wurde der Weg von der Bevölkerung auch schlicht »Milchberg« genannt. Neben dem Weg finden sich immer wieder Gewanngrenzsteine, darunter ganz oben auch ein Stein mit württem-

bergischen Hirschstangen. Unterhalb des den »Steilen Bopser« querenden Wernhaldenwegs verläuft die Höhenlinie 420, welche die Scheidelinie zwischen dem Oberland und dem Unterland Württembergs war. Ein Stein, der einst diese Stelle gekennzeichnet hat, ist verschwunden.

Am unteren Ende des »Steilen Bopsers« kommen wir zur Kreuzung, wo der »Schillersteinweg« nach rechts abgeht. Dort ist rechts im Wald eine Unterstehhütte zu sehen, welche um den Abluftschacht und Notausgang des Weinsteigtunnels der Stadtbahn errichtet wurde. Die Fahrgeräusche der Bahnen sind hier im Wald deutlich zu hören. Wenn wir den »Steilen Bopser« weitergehen, stehen wir nach wenigen

Im Silberwald zwischen Sillenbuch und der Ruhbank

Schritten vor einer alten, original erhaltenen Ruhebank.

Dort konnte man noch einmal rasten, bevor es dann mit den in Stuttgart eingekauften Waren steil bergauf zurück in die Filderorte ging. Wenn man kleinere Milchkannen oder Obstkörbe auf dem Kopf bergab trug, war man auch nach einem steilen Abstieg über eine kurze Abstellmöglichkeit froh.

An der Schranke stoßen wir auf die Wernhaldenstraße.

Rechts fällt ein alter Pumpbrunnen auf, der allerdings heute auf Knopfdruck Wasser gibt. Das Haus Wernhaldenstraße 94 war früher das Kurhaus »Waldheim« des Herrn Fröhlich. Heute steht im Vorgarten der vom aufgelösten Grab der Fami-

lie auf dem Pragfriedhof hierher versetzte Grabstein.

Wir gehen nun den linken, recht steilen Weg, der die offizielle Bezeichnung »Am Bopserweg« trägt, weiter hinunter.

Kaum jemand vermutet, dass sich auf der Höhe des Hauses Nummer 92 (Landsmannschaft »Borussia«) unter den Straßen- und Grundstücksflächen noch immer geheimnisvolle Höhlen befinden, die vor Jahrhunderten zur Gewinnung von Sand in den Stubensandstein gegraben wurden. Die völlig in Vergessenheit geratenen Hohlräume wurden 1939 untersucht und vermessen. Seither sind sie wieder in einen Dornröschenschlaf gesunken.

Rechts am Weg steht nun ein Mammutbaum und bald reicht die Aussicht über den Stuttgarter Talkessel mit dem Alten und Neuen Schloss bis zu den Weinbergen des Kriegsbergs. Beim weiteren Abstieg lohnt sich zwischen den Häusern Nummer 20 und 18 ein Blick links auf das Teehaus der ehemaligen Villa Weißenburg. Rechts sind alte Weinbergmauern zu sehen, die sich in einem Grundstück inselhaft erhalten haben. Unterhalb von Haus Nummer 12a können wir links die frühere Burgstelle der Weißenburg erkennen, die heute eine Aussichtsplatte ist.

Kurz vor der Einmündung in die Bopserwaldstraße gehen die Gehsteige in eine flache Treppenstraße über; solche sind an manchen Stellen in Stuttgart noch zu finden.

Das Gebäude Nummer 4 ist heute das älteste Haus am Bopserweg. Es wurde 1875 als Milchhaus errichtet. Einst gab es hier, am steilsten Abschnitt, ein Schild mit der Aufforderung »Schonet die Zugtiere, nehmt Vorspann«.

Das rechte Eckhaus (Bopserwaldstraße 26) im Neorenaissancestil ist nach der Bauinschrift ein Werk des Architekten Klaiber. Der bemerkenswerte Skulpturenschmuck in Form von Büsten, Wappen und Greifen stammt von dem Bildhauer Haro. Beide betrieben in der Urbanstraße 49 ein »Bureau für Architektur und Kunstgewerbe«. Besonders charakteristisch ist das spitze Türmchen an der Ecke. Im Garten des Hauses befand sich in den dreißiger Jahren des 20. Jahrhunderts zeitweilig das Atelier des Bildhauers Gustav Adolf Hedblom, hier saß unter anderem der damalige Reichsaußenminister Freiherr von Neurath Modell.

Wir überqueren die Bopserwaldstraße und gehen den Bopserweg weiter, der nun im Zickzack einer Treppenanlage – den berühmten Stuttgarter Stäffele – weiter bergab führt. An einem alten gusseisernen Geländer entlang, von wo wir einen Blick auf die gegenüberliegenden Bopseranlagen und den Brunnenpavillon haben, erreichen wir die Hohenheimer Straße.

Der Pavillon wurde 1991 mit Unterstützung des Verschönerungsvereins der Stadt Stuttgart nach einem historischen Vorbild aus dem Jahr 1840 wiederhergestellt.

Wir überqueren die Hohenheimer Straße am oberen Ende der Stadtbahnhaltestelle und gehen halb rechts in die Danneckerstraße hinein. Nach wenigen Metern fällt links das Haus der Architektenkammer Baden-Württemberg, Danneckerstraße 54, auf. Bald stehen wir auf dem Danneckerplatz, wo Schickstraße, Stitzenburgstraße und Danneckerstraße zusammenstoßen.

Dort steht seit November 1997 die lebensgroße Bronzegruppe »Der besinnliche Mann und das kleine Mädchen« der Bildhauerin Freya Lorenz. Daneben gibt es eine Kindermalsäule mit einem Mobile aus Edelstahl, ein Werk der Künstler Christian Günther und Dorothee Ziegler. Die Gestaltung des Danneckerplatzes mit den Figuren wurde aus Anlass des 80-jährigen Bestehens der Eduard-Pfeiffer-Stiftung der Öffentlichkeit geschenkt. Eduard Pfeiffer war ein großzügiger Wohltäter in der Stadt. Neben vielem anderen sind die Altstadtsanierung um den Hans-im-Glück-Brunnen sowie die Ostheim-Siedlung bis heute mit seinem Namen verbunden.

Wir gehen die Danneckerstraße weiter abwärts.

Wir befinden uns nun in einem Viertel, das geprägt ist von stilvollen Einzelgebäuden. Immer wieder fallen interessante Details auf, wie zum Beispiel die wunderschönen Veranden am Haus Nummer 29c oder die Jugendstilornamente an Haus Nummer 36 aus dem Jahr 1903. Die Besucher des Hauses Nummer 34 werden über dem Portal mit einem freundlichen »Grüß Gott« begrüßt und die Initialen C und R erinnern an den einstigen Bauherrn, den Kaufmann Carl Reichert. Das Eckhaus Nummer 27b an der Wächterstraße beflügelt besonders die Phantasie. Man bemerkt neben Drachen, Panthern und Affen einen Jüngling, der seinen Kopf in die Hände stützt, und Greifen mit Mädchenkopf. In den Medaillons sind unter anderem die Worte »stark und treu« und »furchtlos« zu lesen.

Wir gehen nun links die Wächterstaffel hinunter, die teilweise noch ihren ursprünglichen Charakter – wie vor 100 Jahren – bewahrt hat, wie die Gartenzäune und Handläufe belegen. Wir überqueren die Alexanderstraße, allerdings nicht ohne einen Blick nach links auf den 1908 vom Besitzer der Villa Weißenburg, Ernst von Sieglin, gestifteten Brunnen zu werfen. Die Marmorfigur eines singenden Mädchens ist das Werk des Bildhauers Daniel Stocker. Über das letzte Stück der Wächterstaffel erreichen wir die Olgastraße und gehen geradeaus in die Jakobstraße hinein.

Der kleine Platz zwischen der Feuerwache Süd und der Jakobschule, deren Bauschmuck im Obergeschoss eine Beachtung wert ist, war einst das Gelände des 1564 für Pesttote angelegten Lazarettfriedhofs. Nach der Eröffnung des Fangelsbachfriedhofs 1823 wurde er

geschlossen und 13 Jahre später eingeebnet. Noch immer kommen bei Tiefbauarbeiten in diesem Bereich menschliche Skelettreste ans Tageslicht. Das Lazarett und der daneben liegende Friedhof lag ursprünglich außerhalb der Stadt, denn die Stadtmauer verlief im Zuge der Katharinenstraße vom Schellenturm zum Wilhelmsplatz.

Wir überqueren die Katharinenstraße und gehen die Jakobstraße weiter bis zur nächsten Querstraße. Durch die noch mit originalem Kopfsteinpflaster besetzte Weberstraße gehen wir von der Jakobstraße links und am Ende nach rechts bis zur Nummer 2, dem Sitz von Schwäbischem Heimatbund und dem Verschönerungsverein der Stadt Stuttgart.

Die schmucken Giebelhäuser mit verputztem Fachwerk stammen aus dem 18. Jahrhundert und wurden damals von Wengertern auf noch älteren Fundamenten errichtet. Die Gebäude, die um 1990 vom Abbruch bedroht waren, konnten durch das Engagement der beiden Vereine gerettet und beispielhaft renoviert werden.

Am Ende der Weberstraße beziehungsweise bei deren numerischem Anfang stoßen wir auf die Hauptstätter Straße.

Das Eckhaus links war einst das »Armenhaus« der Stadt und ist mindestens 300 Jahre alt. Wie durch ein Wunder ist die hölzerne Eingangstüre aus dem 18. Jahrhundert in der Weberstraße durch alle Stürme der

Zeit erhalten geblieben. Gleich neben dem Armenhaus lag das **Hauptstätter Tor**, wo um 1400 die Grenze der Stadt verlief. Der Wilhelmsplatz war außerhalb und dort befand sich der »Käs«, der Tor und Straße den Namen gab: Auf dem »Käs« fanden die öffentlichen Enthauptungen statt. Der Name »Hauptstätter Straße« hat also nichts mit der Funktion Stuttgarts als Landeshauptstadt zu tun.

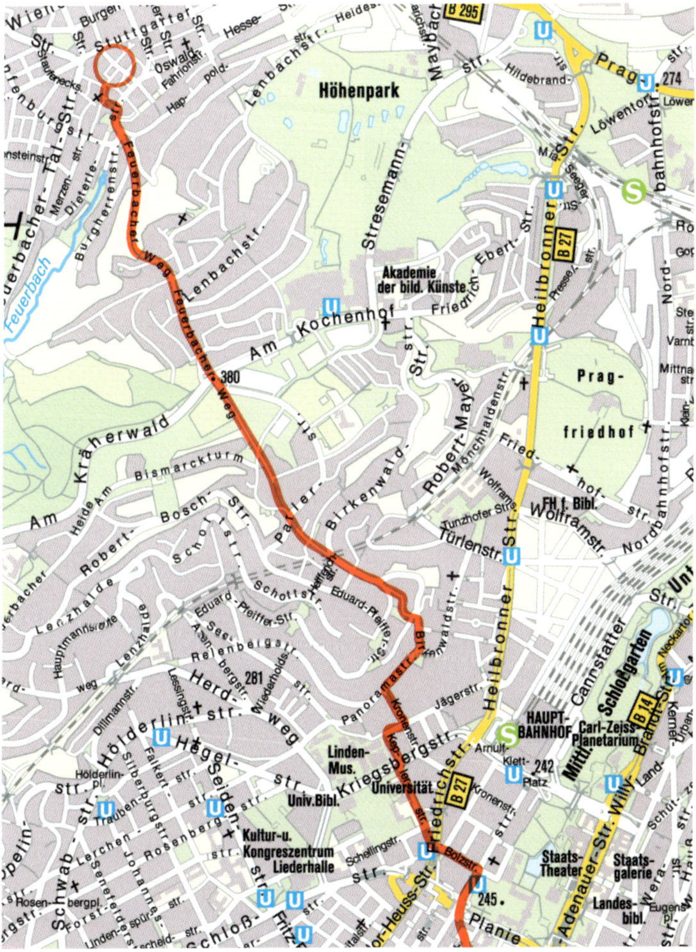

*Neorenaissancegiebel
am Hangleiter-Haus*

Ursprünglich als beeindruckender Straßenmarkt nach dem Vorbild des Prager Wenzelsplatzes angelegt, war die Hauptstätter Straße bis zum Zweiten Weltkrieg ein Zentrum des Botenwesens in Stadt und Land. So manche Milch- und Marktfrau, aber auch eine ganze Anzahl männlicher »Kollegen«, brachten Lieferungen in die vielen Botenstationen in den Gasthäusern oder holten dort etwas ab, um es ins Heimatdorf mitzunehmen. Auch aus Richtung Westen gab es Wege für die Milch- und Marktfrauen. Die Gerlinger beispielsweise kamen durch den Wald

über Botnang und den Botnanger Sattel in die Stadt. Von der immer noch bedeutenden Hauptstätter Straße ist nur eine historische Häuserzeile zwischen Wilhelmsplatz und Jakobstraße bis heute stehen geblieben.

Wir gehen die Hauptstätter Straße entlang, an der Leonhardskirche vorbei, dann durch die Esslinger Straße und nach der Überquerung des Charlottenplatzes in den Hof des Waisenhauses.

Zu Beginn des 18. Jahrhunderts zunächst als Kaserne gebaut, wurde das vierflügelige Gebäude nach der Fertigstellung zum zentralen Waisenhaus Württembergs. Heute beherbergt es das Institut für Auslandsbeziehungen. Sein Innenhof ist trotz der Nähe zu zwei Bundesstraßen noch immer eine Oase der Ruhe.

Am anderen Ende des Hofes treten wir auf den Karlsplatz und gehen am Denkmal Kaiser Wilhelms I. vorbei in Richtung Markthalle.

Das 1912 bis 1914 von Martin Elsässer errichtete Schmuckstück zeigt an der Fassade zur Dorotheenstraße Fresken des Malers Franz Heinrich Gref mit Motiven aus dem Markt- und Jagdgeschehen. Sie sind es wert, noch mehr beachtet zu werden.

Über den 1596 durch den Baumeister Heinrich Schickhardt angelegten Schillerplatz führt uns unser Weg durch den »Kanzleibogen« zur Königstraße.

Diese Passage zwischen Alter Kanzlei und Prinzenbau ist das letzte erhaltene Stadttor Stuttgarts, das auf die zu Beginn des 13. Jahrhunderts von den badischen Markgrafen erfolgte Ummauerung der Stadt zurückgeht. Im Durchgang ist an der rechten Wand ein Gedenkstein für König Wilhelm II. von Württemberg angebracht, weil dieser 1848 im Prinzenbau geboren wurde.

Am Königsbau vorbei gehen wir zur Bolzstraße, dem ursprünglich ältesten Abschnitt der Schlossstraße.

Zwischen Schlossplatz und Friedrichstraße wurde sie 1945 zu Ehren des ehemaligen württembergischen Staatspräsidenten Eugen Bolz umbenannt. Ein ausdrucksstarkes Mahnmal des Bildhauers Alfred Hrdlicka erinnert an den am 23. Januar 1945 wegen seiner Verbindungen zum Widerstand gegen Hitler in Berlin-Plötzensee hingerichteten Mann.

Am Ende der Bolzstraße unterqueren wir die Friedrichstraße, damit wir zu dem im Tiefgeschoss vor der Friedrichsbau-Rotunde aufgestellten »Häberle-und-Pfleiderer-Denkmal« gelangen.

Dieses Denkmal für das von den beiden Schauspielern Oscar Heiler und Willy Reichert verkörperte Duo wurde nach einer Idee von Hanne Schorp-Pflumm von Rudolf Kurz geschaffen.

Wir gehen am Häberle-und-Pfleiderer-Denkmal rechts hinauf zur Schellingstraße und streben geradeaus in die Keplerstraße hinein.

An der linken Ecke stand bis zum Abbruch zu Gunsten von eini-

gen Parkplätzen das elegante Gebäude des Württembergischen Kunstvereins. Von der Altbausubstanz ist außer dem alten Rektoramt der Universität nichts mehr erhalten. Zug um Zug sind in den letzten Jahren mehrere Büroneubauten entstanden.

An den beiden Kollegienhochhäusern vorbei erreichen wir die Kriegsbergstraße.

Das verschwundene Haus Keplerstraße 19 war übrigens längere Zeit der Stuttgarter Wohnsitz des Luftschiff-Erfinders Ferdinand Graf von Zeppelin.

Wir überqueren die Kriegsbergstraße und gehen die Keplerstraße weiter bis zur Jägerstraße. Dort wenden wir uns nach rechts, bevor wir schließlich links die Kronenstraße bergan schreiten und über die neue, fast steril wirkende Kronenstaffel hinauf zur Panoramastraße gelangen. Beim Aufstieg der knapp 200 Stufen lohnt sich immer wieder ein Blick zurück auf die Stadt, denn mit jeder Stufe, die man erklimmt, ändert beziehungsweise weitet sich die Perspektive. Oben angelangt eröffnet sich ein Blick vom Birkenkopf über dem Stuttgarter Westen bis weit ins Remstal hinein.

Auf dem Weg hinauf zum Chinagarten an der Ecke Panorama-/Birkenwaldstraße entdecken wir im Garten des Hauses Nummer 25 einen monumentalen röhrenden Hirsch aus Bronze und immer wieder kann man rechts durch das Grün das Etzelsche Gartenhaus erspähen.

Oberbaurat Karl von Etzel hat das Gartenhaus als Belvedere 1863 in seinem Weinberg errichtet. Die Industrie- und Handelskammer hat die Ruine nach dem Zweiten Weltkrieg beispielhaft wieder aufgebaut. Den besten Blick auf das Gartenhaus hat man vom Chinagarten aus. Dieser wurde 1993 zur Internationalen Gartenbau-Ausstellung im Rosensteinpark von chinesischen Handwerkern angelegt und später an die heutige Stelle versetzt.

Wir gehen die Birkenwaldstraße links aufwärts und bemerken am Gebäude Birkenwaldstraße 60 die Jahreszahl »1876« in römischen Ziffern, eine Erinnerung an die Zeit, als hier weit und breit kein anderes Haus stand. An der Bushaltestelle der Linie 43 »Im Kaisemer« steigen wir links die 23 Stufen hinauf bis zur Wilhelm-Hertz-Straße, überqueren diese und gehen nun auf der Straße »Im Himmelsberg« weiter bergan. Nach der ersten Rechtskurve erblicken wir das von Hofwerkmeister Albert Hangleiter erbaute Haus Im Himmelsberg 10, das wegen seines hochaufragenden Giebels im Stil der Renaissance eines Georg Beer oder Heinrich Schickhardt ein markanter Blickfang am Kriegsberg ist.

Albert Hangleiter war um 1900 mehrere Jahre Gemeinderat und einer der erfolgreichsten Bauunternehmer in Stuttgart. Zahlreiche öffentliche und private Bauten wurden von ihm erstellt, darunter der Wilhelmsbau und das Kunstgebäude. Der obere Teil der Straße »Im

Himmelsberg« führt zwischen alten Gartenmauern hinauf und vermittelt noch ein authentisches Bild des von den Stuttgarter Markt- und Milchfrauen benutzten Weges. Rechter Hand im Haus Nummer 16 ist die Theodor-Heuss-Stiftung mit Bibliothek und Archiv des ersten deutschen Bundespräsidenten untergebracht. Unser Weg wird später noch am »Häusle« von Theodor Heuss vorbeiführen.

Die Straße »Im Himmelsberg« mündet in die Straße »Am Kriegsbergturm« und nach wenigen Metern stehen wir in der Birkenwaldstraße.

Das Haus Am Kriegsbergturm 59 besitzt an seiner Seitenfassade das Relief eines schreibenden Mannes und das direkt anschließende Grundstück Birkenwaldstraße 93 war früher das Gelände der Villa Federer. Die alten Torpfosten liegen noch im Vorgarten vor dem Neubau.

Auf unserem Weg durch die Birkenwaldstraße überqueren wir die Einmündungen der Schoderstraße und der »Birkendörfle« genannten Straße.

Am Haus Birkenwaldstraße 111, dem Sitz der Landsmannschaft Saxonia, lesen wir den Wahlspruch »Saxonia sei's Panier«. Beim Wiederaufbau des kriegszerstörten Altbaus wurden Teile des erhaltenen Erdgeschosses mit der Inschrift wieder verwendet.

Die Einmündung der Helfferichstraße überqueren wir ebenfalls und steigen dann den Feuerbacher Weg geradeaus empor bis zur Parlerstraße.

Nun reicht unser Blick zurück auf die andere Seite des Talkessels zum Fernmeldeturm auf dem Frauenkopf und zur Christuskirche auf der Gänsheide.

Die Parlerstraße gehen wir nur wenige Meter nach rechts, überqueren sie und steigen dann die Treppe »Feuerbacher Weg« oberhalb der Straße »Am Tazzelwurm« weiter empor.

Die ehemalige Breite dieses Abschnitts des Feuerbacher Weges ist noch immer an den alten Begrenzungsmauern zu erkennen, obwohl der größte Teil der ehemaligen Wegfläche heute von Büschen und Brombeerranken besetzt ist. Seit dem 19. Jahrhundert wurde dieser besonders steile Anstieg von den Milch- und Marktfrauen durch die heutige Straße »Am Tazzelwurm« umgangen, wenn auch die Wegstrecke dadurch etwas weiter war. Oben angelangt stand linker Hand einst die Villa des Textilfabrikanten Max Wolf, der Älteren noch als »Lumpenwolf« bekannt ist. Nach wenigen Schritten stehen wir vor dem Haus von Theodor Heuss, das dieser sich von dem Architekten Theo W. Karbiener als Wohnstätte für die Zeit nach seinem Ausscheiden aus dem Amt des Bundespräsidenten hat errichten lassen. Das Grundstück Feuerbacher Weg 46 hatte er noch zu Lebzeiten seiner 1952 verstorbenen Frau Elly Heuss-

Der Weg »Im Himmelsberg« hat seinen ursprünglichen Charakter bewahrt.

Knapp ausgewählt und sein »Häusle« bis zu seinem Tod am 12. Dezember 1963 bewohnt. Seit März 2002 ist in dem Gebäude ein äußerst sehenswertes Museum zu Leben und Werk von Theodor Heuss eingerichtet. Unmittelbar daneben als Nummer 50 befindet sich der Sitz der Fabrikantenfamilie Porsche, ein Bau nach den Plänen von Paul Bonatz und Fritz Scholer.

Früher stand gegenüber des Hauses Porsche am höchsten Punkt des Feuerbacher Weges in der Grünanlage eine Gruhe. Sie wurde nach

Blick von der Aussichtsterrasse am Bismarckturm auf Stuttgart

dem Zweiten Weltkrieg weiter unterhalb an die Spitzwegstraße versetzt.

Wir überqueren hier die Straße »Am Tazzelwurm« und gehen den Feuerbacher Weg weiter.

Links sehen wir das Haus Feuerbacher Weg 51 mit dem hohen Walmdach, das der Architekt Paul Schmitthenner 1925 für den Feuerbacher Lederfabrikanten Roser errichtet hat. Als Vorbild für die Gebäudeform diente ihm dabei Goethes Gartenhaus in Weimar.

Nun geht links der Bonatzweg ab, wir gehen jedoch geradeaus weiter in Richtung der Straße »Am Kochenhof«. Wir überqueren jetzt das letzte zusammenhängende Stück der »Feuerbacher Heide«.

Es war einst Militärschießplatz und gelang 1845 zu trauriger Berühmtheit. Auf dem Gelände rechts, das die Feuerbacher Bevölkerung auch »Stuttgarter Heide« nannte, fand damals die letzte öffentliche Hinrichtung auf Stuttgarter Gebiet statt, als die »Giftmischerin« Christiane Ruthardt – sie hatte ihren Mann mit Arsen vergiftet – unter Beteiligung zahlreicher Schaulustiger enthauptet wurde.

Jenseits der Straße »Am Kochenhof« nehmen wir den Feuerbacher Weg weiter abwärts, bis wir nach etwa 400 Metern an der Einmündung der Spitzwegstraße und des Holbeinweges rechts auf die alte Gruhe vom Porschehaus stoßen. Nach wenigen Schritten geht links die Straße »An der Burg« ab, die zur ehemaligen Burg Frauenberg führt. Der kurze Abstecher zum Fundament des

Bergfrieds lohnt sich, obwohl zu bedauern ist, dass durch die talseitige Bebauung der historische Ausblick vom Burgplatz ins Feuerbacher Tal nicht mehr möglich ist.

Die vom Gartenbauamt der Landeshauptstadt Stuttgart aufgestellte Tafel zeigt das Wappen der Herren von Frauenberg sowie eine Grundrissdarstellung der Burganlage. Aus der Inschrift geht hervor, dass die Burg Frauenberg um 1220 bis 1250 zur Sicherung des unmittelbar vorbeiführenden Fernwegs vom Hohenneuffen zum Hohenasperg, des Feuerbacher Wegs, erbaut wurde. Die Herren von Frauenberg tauchen in den Quellen von 1251 bis etwa 1445 auf. Ab Ende des 14. Jahrhunderts wurden sieben andere Familien Mitinhaber. Die Grafen von Württemberg erwarben 1391 Teile, 1481 den Rest der Burg.

Seit etwa 1500 war die Burg dem Verfall preisgegeben und wurde als Steinbruch genutzt. Ihre Steine wurden noch 1520 zum Bau der Mauer um die nördliche Vorstadt beim Bollwerk und beim Oberen See verwendet. Obwohl die Denkmalpflege eine Bebauung des Burgplatzes ablehnte, wurde das Gelände parzelliert. Kurz vor der völligen Vernichtung wurden 1973 die Reste des Bergfrieds mit staufischem Buckelquadermauerwerk und Steinmetzzeichen gesichert und mit einer Anlage umgeben. Der Bergfried war etwa 20 Meter hoch und seine Mauern im Untergeschoss zwischen drei Meter und 3,80 Meter dick. Auf dem ursprüng-

lich 140 Meter langen Burggelände fand man außer dem Bergfried auch noch Reste von Grundmauern eines Gebäudes mit einem Keller, Reste eines Brunnens sowie tiefe Gräben. Der Baum neben der Burg wurde 1981 zum 100-Jahr-Jubiläum des Wein-, Obst- und Gartenbauvereins Feuerbach gepflanzt.

Unterhalb der Garageneinfahrt von Haus Nummer 142 beginnt das steilste und am besten im Original erhaltene Teilstück des Feuerbacher Weges. An Gärten und alten Weinbergmauern entlang verläuft der Weg hinunter ins Feuerbacher Tal. Bei der Einmündung der Kräherstraße geht rechts die Straße »Alte Steige« ab, die ebenfalls seit alters her eine Verbindung zur Feuerbacher Heide hergestellt hat. Wir befinden uns nun schon bald im Talgrund des Feuerbachs.

Die meisten Gebäude hier stammen aus der Zeit des ausgehenden 19. und frühen 20. Jahrhunderts.

Bald erreichen wir den Mühlwasen, wo der Feuerbach heute unterirdisch fließt. Die Straße »Mühlwasen« gehen wir nach rechts, überqueren sie am nächsten Zebrastreifen und steigen nach wenigen Metern das Bärenstäffele links hinauf. Wir befinden uns nun im historischen Kern von Feuerbach.

Hochwassersicher erhebt sich die Stadtkirche über die Niederungen des Feuerbacher Tals.

Statt vor der Kirchenmauer gleich nach rechts zu unserem Ziel, der schon sichtbaren Kelter von Feu-

Blick vom Feuerbacher Weg auf Feuerbach, das 1907 zur Stadt erhoben wurde

erbach zu gehen, sei ein kurzer Abstecher zur Stadtkirche Sankt Mauritius empfohlen.

Sie war früher von einem Friedhof umgeben, von dem einige Steinkreuze sich heute im Turmerdgeschoss befinden. Der barocke Innenraum wurde 1934 umgestaltet und jüngst grundlegend renoviert. Bemerkenswert sind unter anderem die drei Fenster im Chor sowie die Fenster in der Turmkapelle von Wolf-Dieter Kohler. Gegenüber des Turms an der Ecke Walter-/Sartoriusstraße steht noch eine sehr alte, durchaus beachtenswerte Scheune.

Das Ziel unserer Wanderung, die Feuerbacher Kelter, liegt am Rudolf-Gehring-Platz.

Rudolf Gehring (1888–1980) war Stadtrat und Bezirksbürgermeister in Feuerbach und Stuttgart. Der Blick zurück zur Stadtkirche mit dem hochaufragenden Giebel des »Grünen Baums« vermittelt einen Eindruck von der historischen Silhouette Feuerbachs. Die Kelter wurde 1356 erstmals erwähnt und 1789 vom württembergischen Staat neu erbaut. Die Gemeinde erwarb sie 1834. Im Zweiten Weltkrieg teilweise zerstört, wurde sie 1946 wieder in Stand gesetzt. Die Tafel mit den Baudaten wurde aus Anlass des 10. Kelterfestes 1983 vom Wein-, Obst- und Gartenbauverein Feuerbach gestiftet.

Von hier aus ist es nur noch ein Katzensprung zur Stadtbahnstation »Wilhelm-Geiger-Platz« (U 6, U 13).

Der unterste Abschnitt des steilen Feuerbacher Wegs

Man erreicht sie durch die am Rudolf-Gehring-Platz angrenzende Klagenfurter Straße, die in nördlicher Richtung geradeaus zur Wiener Straße führt. Dort angekommen orientiert man sich nach rechts und steht kurz danach vor der gewünschten Haltestelle.

■ **Länge:**
Etwa 9 Kilometer.

■ **Zeit:**
Etwa 3 Stunden.

■ **Höhenmeter:**
Etwa 540 Meter.

Teil 3
Unterwegs
auf Stuttgarts
heutigen Grenzen

Etappe 1

Von Obertürkheim bis Bad Cannstatt

- **Ausgangspunkt:**
  S-Bahn-Station Obertürkheim (S 1).

- **Endpunkt:**
  Stadtbahn-Station Beskidenstraße (U 1).

- **Wegverlauf:**
  Wir nehmen die vom Bahnhof wegführende Asangstraße, überqueren die Augsburger Straße und biegen dahinter nach rechts in die Rüderner Straße ein. Sie führt uns durch die Häuser in die Weinberge bis zu einem querenden Weg, nach ihm steigen wir auf einem romantischen »Stäffele« zwischen Kleingärten und efeubewachsenen Mäuerchen hoch nach Rüdern.

Obertürkheim ist wohl von Untertürkheim als Siedlung am Talausgang des Uhlbachs gegründet worden. Anfangs werden beide Ortsteile einfach »Türkheim« genannt, erst 1279 wird »Superior Turinkain«, also Obertürkheim erwähnt. Schon sehr früh gehörte es zu Württemberg. Immer wieder gab es heftige Grenzstreitigkeiten mit der Reichsstadt Esslingen, was sogar zwei Mal zur

Brandschatzung des Ortes führte. Seit dem frühen 20. Jahrhundert wurde im Neckartal verstärkt Industrie angesiedelt. 1922 wurde Obertürkheim nach Stuttgart eingemeindet. Der **Bahnhof** ist ein beispielhafter Bau aus der Zeit unmittelbar vor dem Ersten Weltkrieg; und das erst vor wenigen Jahren zu Wohnungen umgebaute ehemalige **Gasthaus Ochsen** in der Rüderner Straße 2 ist ein gutes Beispiel für das Aussehen eines größeren Gasthauses des 16. Jahrhunderts.

Kurz vor Rüdern führt ein kleiner Stichweg zum Türmchen auf dem Ailenberg.

Der **Ailenberg** ist einer der letzten Weinberge, die in ihrer historisch überkommenen Gestalt mit Trockenmauern, Staffeln, Wegen und Unterständen erhalten sind. Er taucht an der Wende vom 13. zum 14. Jahrhundert, erstmals 1297, in Urkunden als »Ölberg« oder »Ölenberg« auf, was vielleicht als Hinweis auf die Abgabe von Öl als Pacht für einen Acker gedeutet werden kann. Möglicherweise ist aber auch eine mittelalterliche Ölbergkapelle der Grund für die Benennung. Als vor ei-

*Blick auf Obertürkheim und den rebenbestandenen Mönchberg –
eine gute Lage für schmackhaften schwäbischen Wein.*

nigen Jahren eine Rebflurbereini-
gung die historische Struktur bedroht hat, gab es in der Öffentlichkeit heftige Proteste. Ein Teil der
Weinbergmauern blieb daraufhin
erhalten. Oben, allerdings schon auf
Esslinger Markung, steht ein Turm,
der 1574 von einem Privatmann zur
Verschonerung des Landschaftsbil-
des gestiftet wurde. Er geht allerdings auf einen älteren Wachtturm
zurück, der als reichsstädtischer Vor-
posten mit Blick zur feindlichen
Burg Württemberg und ins Neckartal seinen Dienst tat.

Nach dem links liegenden Sportplatz nehmen wir an der Verzweigung den linken Weg, der uns zur
Uhlbacher Straße bringt. Hier halten
wir uns wieder links und biegen
nach dem letzten Haus nach rechts
ab.

Als Ausbauort vom Neckar her
wurde **Uhlbach** in einem Seitental
angelegt. Es liegt klimatisch güns-
tig, wie in einem Hohlspiegel in die
Landschaft eingebettet. Im 13. Jahrhundert erstmals genannt, war Uhlbach seither in württembergischem
Besitz. Allerdings waren auch in
Uhlbach die Grenzen zu Esslingen
strittig und der Ort wurde immer
wieder niedergebrannt und geplün-
dert. Von Weinbergen umgeben
war dieser Gewerbezweig jahrhundertelang vorherrschend. Die 1895

von Architekt Heinrich Dolmetsch im Stile der Neugotik mit vereinzelten Anklängen an den Jugendstil erneuerte **Andreaskirche** geht auf einen mittelalterlichen Vorgängerbau zurück. Das Ortsbild wird seit 1907 auch von der **Kelter** geprägt, in der sich heute das Stuttgarter Weinbaumuseum befindet. Uhlbach wurde 1937 nach Stuttgart eingemeindet.

Vorbei an der Gärtnerei geht es mit Blick auf den Württemberg mit der Grabkapelle und den Stadtteil Rotenberg zu einer Scheune, wo der Weg nach rechts abknickt.

Anstelle der Grabkapelle befand sich auf dem **Württemberg** bis 1819 die Stammburg des Hauses Württemberg. Sie wurde in der zweiten Hälfte des 11. Jahrhunderts erbaut. Ein in der heutigen Kapelle erhaltener Weihestein zeugt davon, dass die Burgkapelle am 7. Februar 1083 vom Wormser Bischof Adalbert geweiht wurde, die Burg damals also wohl bewohnt war. Sie wurde mehrfach zerstört, aber immer wieder aufgebaut. Zuletzt war sie ein beliebtes Ausflugsziel nicht nur für die Bevölkerung, sondern auch für das Königshaus.

Nach dem frühen Tod von Königin Katharina im Januar 1819 entschied König Wilhelm I., die Burg abzubrechen und an ihrer Stelle eine Grabkapelle für seine verstorbene Gemahlin errichten zu lassen. Giovanni Salucci schuf einen meisterhaften Bau des Klassizismus, in dem Katharina 1824 beigesetzt wurde. Als der König 1864 starb, fand er in einem Doppelsarkophag an ihrer Seite seine letzte Ruhe. Die Grabkapelle wurde gemäß dem Glauben von Königin Katharina als russisch-orthodoxe Kirche geweiht. Sie ist heute das älteste Gotteshaus dieser Glaubensrichtung auf deutschem Boden.

Der Ausblick vom Württemberg ist umfassend und man spürt noch heute, weshalb gerade auf diesem Aussichtsberg eine Burg gebaut wurde. Der Ort **Rotenberg** wurde wohl als Burgsiedlung spätestens im 12. Jahrhundert gegründet. Erstmals urkundlich erwähnt ist er als »Rotinberg« 1248. Gemarkungsrechtlich gehörte Rotenberg bis in die erste Hälfte des 17. Jahrhunderts zu Untertürkheim. Die seitdem selbständige Gemeinde wurde 1931 nach Stuttgart eingemeindet. Der Ort steht seit einiger Zeit unter Ensembleschutz, um das Bild eines Stuttgarter Weingärtnerdorfes auch für zukünftige Generationen zu erhalten.

Ab hier wandern wir eine Weile direkt in Grenznähe. Wir unterqueren endende Elektroleitungen, dann knickt nach links ein Weg ab, wir nehmen aber den rechts davon in unserer Richtung weiterführenden Weg in Richtung »Katharinenlinde«.

Danach biegen wir am zweiten nach links abgehenden Weg ab, er knickt gleich nach rechts ab, zieht dann ein Stück als fußfreundlicher Grasweg nach links und bringt uns zu zwei Aussichtsbänken, danach auf einem Schotterweg zum Wald-

Die Grabkapelle auf dem Württemberg

rand. Hier sollten wir nach rechts einen Abstecher zum Aussichtsturm »Katharinenlinde« des Schwäbischen Albvereins machen, auch wenn dieser auf Esslinger Markung steht.

Die **Katharinenlinde** erinnert an eine kleine, der heiligen Katharina geweihte Feldkapelle, die jedoch schon seit dem ausgehenden 16. Jahrhundert verschwunden ist. Die Linde wurde an einem besonders schönen Aussichtspunkt gepflanzt. Allerdings ist der jetzige Baum bereits der zweite an dieser Stelle, denn die alte Katharinenlinde ist 1878 bei einem Sturm umgerissen worden. Der Aussichtsturm wurde 1957 errichtet und wird vom Schwäbischen Albverein betreut. Er bietet bei klarem Wetter einen überwältigenden Ausblick weit ins Land.

Die Grenze verläuft ab hier eine Weile anders, da es aber keine Wege an ihr entlang gibt, gehen wir hier ein Stück von ihr entfernt. Dies ist auch der schönere, weil aussichtsreiche Weg, während sich die Grenze im Wald befindet.

Wir biegen also am Waldrand nach links ab und gehen steil bergab zum Uhlbacher Tor (406 m) bei den Sieben Linden. Gleich rechts vom Lokal sehen wir schon ein erstes mächtiges Baumungetüm, etwas später ein weiteres.

Vom Tor aus gehen wir weiter am Waldrand entlang, bald mit schönem Blick und immer geradeaus. Wir kommen an zwei Backstein-Schutzhäuschen vorbei. Am

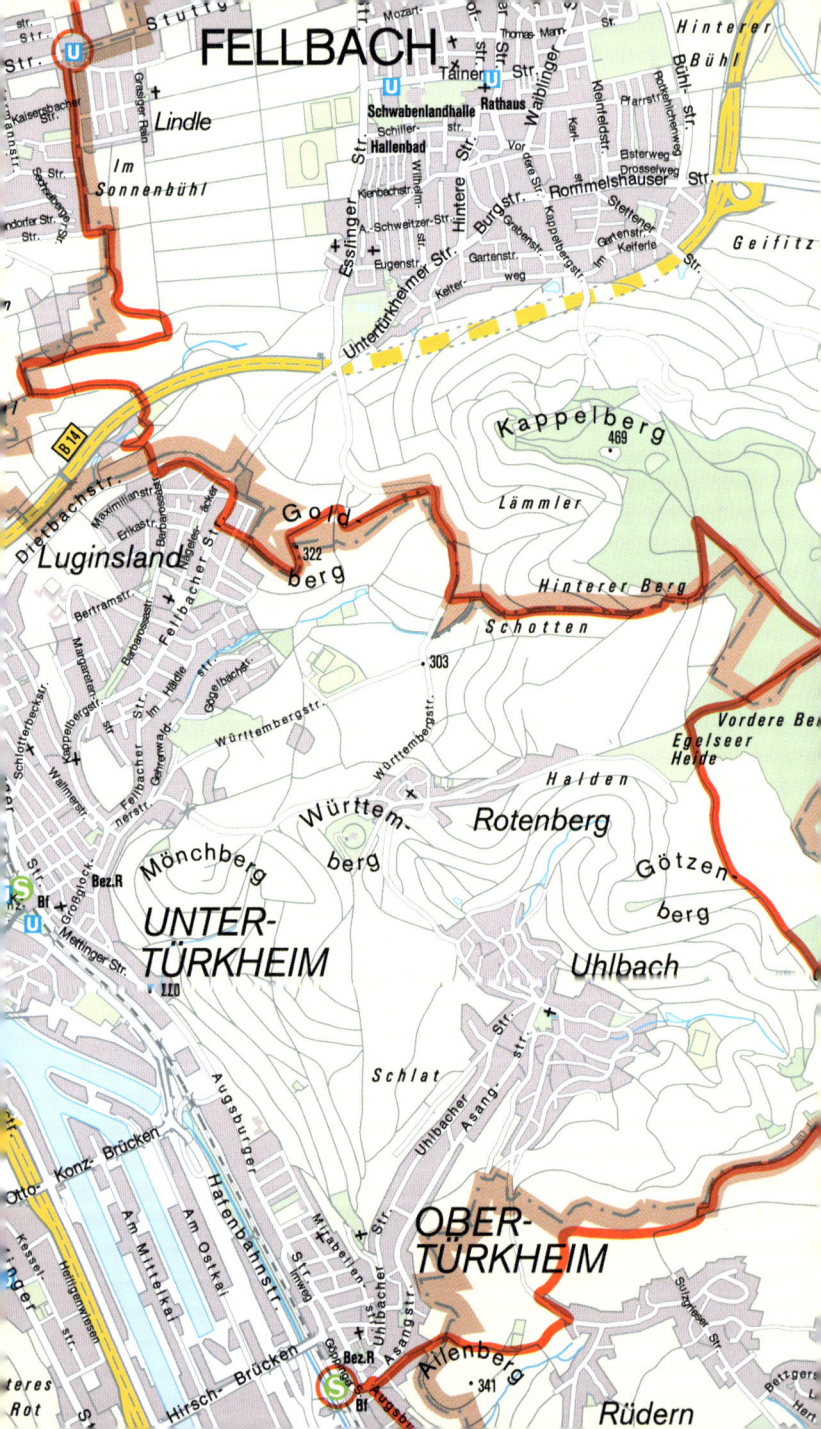

ersten gehen wir geradeaus weiter, nach dem zweiten stehen wir vor der Egelseer Heide, einem schönen Stück Natur mit Vesperplatz und Kinderspielplatz. Hier zieht der Weg leicht nach rechts zum Waldrand, an dem wir entlangmarschieren.

Bei der **Egelseer Heide** gibt es einen Stubensandsteinaufschluss, der Einblicke in die Erdgeschichte gewährt. Rote, undeutlich geschichtete Tonsteine mit einigen Sandlagen bilden die unteren Schichten. Darüber sieht man, wie die Ablagerungen plötzlich von einem stark fließenden Fluss unterbrochen wurden, der Sand und Gerölle mitbrachte. Teilweise bestehen die Geröile aus dem unten liegenden roten Tonstein. Die gleichmäßigeren Ablagerungen weiter oben sind ein Indiz dafür, dass der Fluss allmählich langsamer floss. Das wechselnde Einfallen der Schichten zeigt uns ferner, dass der Fluss die Fließrichtung immer wieder geändert hat.

Wo an einem querenden Weg der Wald nach rechts abknickt, gehen wir nach rechts auf dem Lindhaldenweg in den Wald hinein. Wir halten uns an einer Verzweigung links und kommen zu einer Kreuzung, an der dem Schild nach früher einmal eine Linde stand, die durch Blitzschlag abgebrannt ist. Hier halten wir uns links in Richtung »Kappelberg« und marschieren bis zu einer Kreuzung bei zwei Bänken, wo wir uns links in Richtung »Rotenberg« halten. Es geht nun hinab bis zu Trimm-Dich-Geräten. Dort angekommen biegen wir mit dem Wanderzeichen des Schwäbischen Albvereins »roter Punkt« nach rechts ab.

Es geht steil hinab zum Waldrand, wo wir dem nach rechts im Wald weiterführenden Weg folgen. Nach dem Wald, unmittelbar an den Weinbergen, steigen wir auf der Weinbergstaffel nach links hinab zu den Häusern. Hier gehen wir geradeaus weiter abwärts, im Prinzip auf das in der Ferne sichtbare Gottlieb-Daimler-Stadion zu. Wir sind nun für einige Zeit wieder direkt auf der Grenze.

Bei den Häusern (Schotten) sehen wir links ein Wasserrückhaltebecken, hier biegen wir nach links ab und gehen bis zu einer Kreuzung, dort biegen wir nach rechts ab. Es geht jetzt mit schönem Blick nach rechts zum Kappelberg bis zu einer Gärtnerei.

Der **Kappelberg** ist der nordwestlichste Ausläufer der Keuperstufe des Schurwaldes und gehört zur Gemarkung Fellbach. Seine Hänge sind von Wein bestanden, während seine Kuppe heute größtenteils bewaldet ist. Das war nicht immer so. Schon vor etwa 10 000 Jahren war der Bergsporn von mittelsteinzeitlichen Jägern besiedelt. Die Hochfläche wurde bis Ende des 18. Jahrhunderts als Haustierweide genutzt, was eine beispielhafte Heidelandschaft schuf. Solche Heideflächen sind durch intensive Beweidung ringförmig um das Stuttgarter Tal entstanden, aber nur noch am Kappelberg und auf der Gerlinger

Heide haben sich größere Reste erhalten. Die Pflanzenwelt des Kappelberges wies früher noch mehr als heute eine bemerkenswerte Vielfalt auf. Er war deshalb schon im 19. Jahrhundert ein Pilgerziel für Botaniker aus dem Stuttgarter Raum. Die Ausblicke von diesem 469 Meter hohen Fellbacher Hausberg ins Remstal und ins Neckartal sind zu jeder Jahreszeit beeindruckend.

Nach der Gärtnerei orientieren wir uns links. Nach einiger Zeit knickt der Weg nach rechts ab. Kurz danach, am querenden Weg, halten wir uns links, gleich aber wieder rechts. Dieser Weg zieht nach einiger Zeit nach links. Nach der »Wendeplatte« geht es auf einem Grasweg geradeaus weiter bis zu einem Markungsstein, hier halten wir uns rechts und kommen kurz darauf nach Luginsland.

1911 haben neun Arbeiter der Daimler-Motorenwerke eine Baugenossenschaft gegründet, die von einer größeren Zahl Einzelbesitzer eine Grundstücksfläche von neun Hektar auf freiem Feld unmittelbar an der Markungsgrenze nach Fellbach erwerben konnte. Der Quadratmeterpreis lag bei sechs Mark. Bis 1914 wurden von der Genossenschaft im Reihenhausstil zunächst 110 Einfamilienhäuser errichtet. Die Gebäude wurden relativ einfach gestaltet, besaßen jedoch den Vorzug, nur zwei Kilometer von den Betriebsstätten von Daimler entfernt zu liegen. Kleine Vorgärten und größere Nutzgärten ergänzten das Bau-

grundstück, was den Einfluss der englischen Gartenstadtbewegung zeigt. Ein zweiter Abschnitt wurde direkt nach dem Ersten Weltkrieg verwirklicht, so dass die **»Gartenstadt Luginsland«** schließlich aus 419 Einzelhäusern bestand. Das Wohngebiet wurde während des ganzen 20. Jahrhunderts immer wieder erweitert. Das spätere Siedlungsgelände war 1905 zusammen mit Untertürkheim und Cannstatt der Stuttgarter Gemarkung einverleibt worden.

Wir spazieren geradeaus durch die Häuser hindurch bis zur Fellbacher Straße, wo wir nach rechts abbiegen. Nach der Straße »Im Weingarten« und kurz vor der Dietbachstraße – auf der man nicht gehen darf – führt nach links an den letzten Häusern ein schmales Wegchen hinab. Bald trifft es auf die Barbarossastraße.

Hier überqueren wir nach rechts die Dietbachstraße und kommen dahinter in Weingärten. Am Querweg gehen wir nach links, hinab zur Gärtnerei, vor ihr halten wir uns rechts. Wir gehen kurz darauf zwischen den Tennisplätzen nach links, an der Tennishalle nach rechts und unterqueren die Bundesstraße 14. Dahinter zieht der Weg nach links.

An einer Kreuzung, wo geradeaus ein Fahrverbotsschild und rechts davon ein kleines gemauertes Gartenhäuschen steht, biegen wir an der hohen Hecke nach rechts ab, gleich danach noch einmal. Wir

Blick auf Luginsland und – ganz am Horizont – Freiberg

marschieren nun, bis nach links ein Asphaltweg abknickt (Radweg-schild), ihm folgen wir. Gleich danach, vor dem Häuschen, biegen wir nach links ab. Der Weg zieht nach rechts und wir spazieren dann immer geradeaus bis vor ein Haus. Hier biegen wir nach links ab, gleich darauf nach rechts in die Beskiden-straße, der wir – direkt an der Stadt-grenze, die Häuser rechts gehören schon zu Fellbach – folgen bis zur querenden Nürnberger Straße, wo sich rechts die U-Bahn-Haltestelle »Beskidenstraße« befindet.

■ **Länge:**
Etwa 11 Kilometer.

■ **Zeit:**
Etwa 3 Stunden.

■ **Höhenmeter:**
Etwa 400 Meter.

■ **Sonstiges:**
Die Wanderung verläuft überwiegend auf befestigten Asphalt- und Schotterwegen, kurze Stücke auf unbefestigten Wegen. Man hat im ersten Teil immer wieder eine prächtige Aussicht.

■ **Charakter:**
Der erste Teil der Rundwanderung ist geprägt von Weinbergen und weiten Aussichten.

Fellbach (rund 42000 Einwohner), die Stadt der Weine und Kongresse, liegt zwischen Neckar und Rems in reizvoller Landschaft gleich bei der Landeshauptstadt Stuttgart.

Fellbach bietet Ihnen Spitzenerzeugnisse des deutschen Weinbaus. An den Hängen des Hausberges, des Kappelberges, gedeihen ganz vorzügliche Trollinger und Rieslinge.

Fellbach, die Stadt der Kongresse, besitzt mit der Schwabenlandhalle ein weithin bekanntes Tagungs- und Kulturzentrum.

Fellbach, die Stadt mit Lebensqualität, lädt Sie in seine Stadtmitte mit Rathaus, Geschäften, Gaststätten, Marktplatz und Kirchplatz, Stadtbibliothek, Parkgarage und Stadtbahnstation ein.

Fellbach, selbständig und selbstbewußt, profiliert sich mit seinem Stadtmuseum, der städtischen Galerie, der Musikschule und einer Grafik-Design-Schule.

Fellbach, dazu gehört auch der traditionelle Fellbacher Herbst – das meistbesuchte Weinfest Süddeutschlands, das in jedem Jahr am zweiten Oktoberwochenende gefeiert wird.

Stadt Fellbach
Stadt der Weine und Kongresse

Etappe 2

Von Bad Cannstatt bis Mühlhausen

■ **Ausgangspunkt:**
Stadtbahn-Station Beskidenstraße (U 1).

■ **Endpunkt:**
Stadtbahn-Station Mühlhausen
(U 14).

■ **Wegverlauf:**
Wir halten uns an der Stadtbahnhaltestelle kurz in Richtung
Fellbach, biegen aber kurz darauf
nach links ab. Durch ein Eisentor
kommen wir zu Gärtnereigebäuden
und spazieren immer geradeaus
durch Kleingärten. Nach der Brücke
über die S-Bahn-Gleise durchqueren
wir auf dem Kleinen Ostring zwischen Wohnhäusern und Gewerbeanwesen den Ortsrand von Sommerrain.
Das leicht nach Süden abfallende
Gelände wird wegen seiner besonde-
ren Klimagunst schon seit jeher
»Sommerrain« genannt. 1932 bis
1935 wurde der Stadtteil Sommerrain als Stadtrandsiedlung begonnen und nach dem Zweiten Weltkrieg noch bedeutend erweitert.
An der querenden Schmidener
Straße biegen wir nach links ab,
gleich darauf halten wir uns rechts
in die Straße »Hochflur«. Wo es
nicht mehr geradeaus weitergeht,
halten wir uns links gen Friedhof,
dort angelangt rechts und kommen
am östlichen Ortsrand von Steinhaldenfeld vorbei.
Als neuer **Hauptfriedhof** vor
allem für die östlichen Stadtteile
Stuttgarts wurde der Friedhof auf
dem Steinhaldenfeld während des
Ersten Weltkriegs angelegt. Die erste Bestattung fand 1917 statt. Das
mit einem offenen Säulengang ge-
schmückte Hauptgebäude an der
Steinhaldenstraße wurde nach den
Plänen der Architekten Ludwig Eisenlohr und Oskar Pfennig bis 1919
errichtet. Der benachbarte Stadtteil
Steinhaldenfeld liegt am Rande
des Schmidener Felds und ist ursprünglich zwischen 1932 und
1935 durch vorübergehend be-
schäftigungslose Arbeiter im Eigenbau erstellt worden. Diese so genannte »Nebenerwerbssiedlung«
wurde als Folge der großen Arbeits-
losigkeit in Deutschland zur sozialen
Absicherung geplant. Jedes Grundstück bot neben den einfachen
Wohnhäusern auch Platz für Klein-

Mönchfeld

Schloß Bez.R

Neckar

Hofen

Jungen

Mulde

Grund

Freibergstr.

Schneiderläckerstr.

Tournonstr.

Neugereut

Unt.

Seeblickweg

Schmollerstr.

Zuckerberg

Zuckerberg

Steinhaldenfeld

Hauptfriedhof

Kleiner Osting

Höhenstr.

Bez.R

Auf der Gans

Sommerrainstr.

Sommerrain

Espan

BAD CANNSTATT

Stutt

MineralBad Cannstatt

Kur- park

Stadtbad

Waiblinger

Nürnberger

Lindle

Im Sonnenbühl

Endersbacher

tierställe und Gemüsebeete. 1950 bis 1970 wurde die Siedlung mit Mehrfamilienwohnblöcken erweitert.

Am Vereinsheim des TSV Steinhaldenfeld biegen wir nach rechts ab und wandern auf einem unbefestigten Wiesenweg entlang einer Hecke oberhalb der Straße weiter bis zu querenden Elektroleitungen. Hier überqueren wir die Straße nach links, auf der anderen Seite finden wir einen asphaltierten Weg, auf dem wir wiederum nach links gehen. Bald stehen linker Hand Häuser der Siedlung Neugereut, kurz danach geht es etwas nach links versetzt weiter. Wo die Kormoranstraße nach links abgeht, nehmen wir, unsere Richtung beibehaltend, den rechts der Autostraße verlaufenden Feldweg.

Der Name »**Neugereut**« ist ein häufiger Flurname, der auch in Stuttgart mehrfach vorkommt. Er bedeutet »neue Rodung«. Der Stadtteil Neugereut gehört mit zu den jüngsten Stadtrandsiedlungen von Stuttgart. Er wurde im Wesentlichen in den siebziger Jahren des 20. Jahrhunderts gebaut und soll bis 2005 Stadtbahnanschluss bekommen. Der Stadtteil zeichnet sich durch eine Vielfalt von öffentlichen und sozialen Einrichtungen aus. So gibt es zum Beispiel neben Läden und Büros eine Gesamtschule, ein Ökumenisches Zentrum sowie ein Alten- und Pflegeheim.

Etwas später biegen wir am nächsten nach rechts abgehenden Feldweg ab, halten uns gleich darauf wieder rechts, dann links. Der Weg führt uns durch die Kleingärten hindurch bis zum als Naturdenkmal ausgewiesenen Hohlbrunnen. Um diese Quelle herum finden wir ein idyllisches Stück Natur, außerdem Bänke, die zu einer Rast einladen.

Anschließend spazieren wir auf dem Naturpfad am mit Kopfweiden bestandenen Bachlauf entlang hinab und stoßen auf die Sankt-Antonius-Kapelle. Vor ihr gehen wir auf der Oeffinger Straße nach links hinab. Bald sehen wir links ein großes Feldkreuz, etwas später noch eines.

Dieses zweite Kreuz wurde 1983 von der Bastlergruppe des Altenclubs Sankt Barbara aus Stuttgart-Hofen errichtet.

Wo am zweiten Kreuz der Wertweg nach rechts abgeht, wandern wir noch wenige Meter geradeaus weiter und zweigen dann in den rechts von dem Asphaltsträßchen abgehenden Weg ein. Zwischen Kleingärten kommen wir zur Ruine der Burg Hofen und zur katholischen Kirche.

Hofen wurde als Siedlung wohl von Cannstatt aus gegründet. Es taucht in den Quellen erstmals im frühen 12. Jahrhundert auf, als es zum Besitz der Grafen von Württemberg gehörte. Graf Eberhard der Greiner übergab Hofen zusammen mit Mühlhausen und Oeffingen 1369 an die Herren von Neuhausen, behielt sich die Lehenshoheit jedoch ausdrücklich vor. Da sich die Herren von Neuhausen nicht der Reforma-

Die Burgruine Hofen ist öffentlich zugänglich.

tion anschlossen, blieb Hofen bis heute ein überwiegend katholischer Ort. Athanasius von Neuhausen verkaufte Hofen schließlich 1753 an Herzog Carl Eugen von Württemberg, worauf es für ein halbes Jahrhundert das einzige nicht evangelische Dorf im ganzen Herzogtum war. 1929 wurde Hofen nach Stuttgart eingemeindet.

Die **Burg Hofen** wurde um die Mitte des 13. Jahrhunderts errichtet und wohl von einem Sohn Kuno des Ortsherren von Mühlhausen bewohnt, der sich nun »von Hofen« nannte. Mit Luithard IV. von Hofen starb das Geschlecht aus und die Burg gelangte 1369 zusammen mit dem Dorf an die Herren von Neuhausen. Im Dreißigjährigen Krieg wurde die Burg durch Feuer zerstört und die Burgruine schließlich 1783 zum Bau der benachbarten Barbara-Kirche teilweise abgetragen. Seit 1999 gehört die Burg der Stadt Stuttgart, die die Mauern sichern ließ und sie der

Öffentlichkeit zugänglich gemacht hat. Besonders eindrucksvoll ist die erhaltene Schildmauer und der Graben.

Eine erste Kirche wird in den Quellen schon 1408 erwähnt. Aus diesem Vorgängerbau stammt auch das an der Außenwand des Chores der **Barbara-Kirche** angebrachte Doppelgrabmal für Ludwig von Neuhausen zu Wessenstein, der markgräflich-badischer Rat und Hofmeister zu Durlach war, und seine Gemahlin Margaretha von Essendorf. An den kleineren Figuren kann man ablesen, dass sie zwei Söhne und eine Tochter hatten. Die Lebensdaten sind nicht eingehauen, da das Epitaph zu Lebzeiten des Paares im 16. Jahrhundert geschaffen wurde und die Nachfolger auf die Hinzufügung der Sterbedaten verzichtet haben. Ebenfalls aus der alten Kirche stammt die »Stuttgarter Madonna« auf dem linken Seitenaltar im Innern der heutigen Barbara-Kirche. Sie soll 1534 bei der Einführung der Reformation in Stuttgart vom damaligen Pfarrer aus der Stiftskirche ins weiterhin katholische Hofen gebracht worden sein. Angeblich entwickelte sich dann bald eine Wallfahrt zu der Muttergottes-Figur.

Im Auftrag des zuständigen Konstanzer Domkapitels und mit finanzieller Unterstützung durch Herzog Carl Eugen von Württemberg und den württembergischen Kirchenrat hat der Baumeister Michael

Blick vom Hofener Wehr auf die Weinbergterrassen unterhalb von Freiberg

Bader in den Jahren 1783/84 den barocken Kirchenbau geschaffen. Die drei Altäre standen ursprünglich in der Oeffinger Franziskanerkirche und kamen erst 1810 nach Hofen. Bei der Renovierung von 1931 wurde nach Plänen von Hugo Schlösser der Deckenstuck zur Vereinheitlichung des Innenraums hinzugefügt.

Sowohl die Barbara-Kirche als auch der umgebende Friedhof waren von 1753 bis zum Reichsdeputationshauptschluss 1803 die einzigen Bestattungsplätze für Katholiken im Herzogtum Württemberg. Aus diesem Grund fanden hier bedeutende Künstler und Hofprediger ihre letzte Ruhestätte. Neben zahlreichen Grabmälern erinnert eine moderne Stele an den Hofmaler Nicolas Guibal, der am 5. November 1784 hier beerdigt wurde.

Gegenüber der Kirche befindet sich das so genannte **»Schlössle«**, das 1722 erbaut wurde und in dem von 1779 bis 1783 das katholische Militärwaisenhaus untergebracht war. Rechts daneben, gegenüber der Einmündung der Scillawaldstraße, steht das 1760 als Wirtshaus »Adler« errichtete spätere **Rathaus**.

Wir spazieren zwischen Ruine und Kirche hoch über dem Neckar bergab. Rechts sehen wir einen alten gusseisernen Schwenkbrunnen, außerdem einige Gebäude, die zum »Rundgang Alt-Hofen« gehören. Unten sehen wir das kleine alte Fährhaus.

Das **alte Fährhaus** in der Scillawaldstraße 89 wurde 1813 errichtet und hat schon so manches Neckarhochwasser mitgemacht. Die Hochwassermarken von 1851 und 1853 sind noch immer gut lesbar. Das Erdgeschoss des Fährhauses stand damals vollkommen unter Wasser. Aber nicht nur bei Hochwasser, auch bei Niedrigwasser musste der Fährbetrieb eingestellt werden. Der erste urkundliche Nachweis für die Fähre stammt aus dem Jahr 1350. Zum letzten Mal erscholl der Ruf »Hol über« für den Fährmann 1933. Damals wurde der Betrieb wegen der Schiffbarmachung des Neckars endgültig eingestellt. Der Dichter Ludwig Uhland hat in seinem Gedicht »Auf der Überfahrt« der Fähre ein literarisches Denkmal gesetzt. Das Häuschen ist Station 11 des »Rundgangs Alt-Hofen«.

Wir gehen nun nach rechts zum Neckar und an ihm entlang nach links bis zum Kraftwerk beziehungsweise der Hofener Brücke.

Das **Hofener Wehr** mit Kraftwerk und Straßenbrücke wurde von 1927 bis 1935 im Rahmen des Neckarausbaus für den Schiffsverkehr nach Plänen von Otto Konz gebaut. Das Erscheinungsbild stammt jedoch vom »baukünstlerischen Berater« Paul Bonatz. Die Brücke mit einer Spannweite von

74 Metern ersetzte die ehemalige Fähre als Neckarübergang. Die Schiffsschleuse kam erst in den fünfziger Jahren hinzu, als der Neckar bis zum Stuttgarter Hafen ausgebaut wurde. Das Hofener Wehr steht als technisches Kulturdenkmal unter Schutz.

Vor der Hofener Brücke steigen wir nach links hinauf zur Straße und überqueren die Brücke. Auf ihr haben wir eine schöne Sicht auf den Neckar, die Weinberge und den oben liegenden Stadtteil Freiberg. Nach der Brücke spazieren wir auf dem Dammweg am Neckar entlang nach rechts. Links befindet sich ein großes Kaufhaus. Nach dem Parkhaus gehen wir nach links die Stufen hinunter und weiter zur Stadtbahn-Haltestelle »Mühlhausen«.

■ **Länge:**
Etwa 8 Kilometer.

■ **Zeit:**
Etwa 2 Stunden.

■ **Höhenmeter:**
Etwa 100 Meter.

■ **Sonstiges:**
Bis auf kurze Stücke wandert man auf asphaltierten Wegen.

■ **Charakter:**
Dieser Abschnitt ist geprägt von Gärtnereien, Feldern und Kleingärten.

Etappe 3

Von Mühlhausen bis Stammheim

- ■ **Ausgangspunkt:**
  Stadtbahnstation Mühlhausen (U 14).

- ■ **Endpunkt:**
  Straßenbahnstation Stammheim Rathaus (Straßenbahnlinie 15).

- ■ **Wegverlauf:**
  Von der Stadtbahn-Haltestelle »Mühlhausen« aus gehen wir in der Mönchfeldstraße nach Norden, biegen aber gleich nach rechts in die Veitstraße ein. Sie zieht kurz darauf als Spielstraße nach links. Hier stoßen wir auf die evangelische Veitskapelle.

  Mühlhausen wurde 1257 als »Mulhusin« urkundlich erwähnt. Zuvor erscheint es als »Vicus Biberburg«. Es liegt am Zufluss des ebenfalls ursprünglich »Biberbach« genannten Feuerbachs in den Neckar. Der heutige Ortsname geht auf die Mühlen am Feuerbach zurück. Zusammen mit Hofen gelangte der Ort 1369 an die Herren von Neuhausen, später an die von Kaltental, Nippenburg und andere Adelsfamilien. Im Talgrund befindet sich das **Schloss** der Freiherrn von Palm von 1813,

das 1896 erweitert wurde und heute als Bezirksrathaus dient. Nicht weit davon entfernt liegen auf der südlichen Anhöhe die Grundmauern der **»Engelburg«**. Sie wurde in der zweiten Hälfte des 13. Jahrhunderts von den Herren von Blankenstein erbaut und um 1700 zerstört.

Jenseits des Feuerbachtales, inmitten des Ortes, ragt die Turmruine der **Walpurgiskirche** in den Himmel. Möglicherweise geht sie auf den Bergfried der ehemaligen **Heidenburg** zurück. Über Geschichte und Aussehen dieser Burg ist nicht viel bekannt, dennoch beeindrucken die Reste noch heute. Die bis zu 1,50 Meter dicke Ringmauer ist in Teilen ebenso erhalten wie das Burgtor und der Keller unter dem 1943 zerstörten Kirchenschiff.

Evangelische Pfarrkirche ist jetzt die 1380 gestiftete **Veitskapelle**, die zu den wertvollsten Sakralbauten des Stuttgarter Raumes zählt, weil ihre Innenausstattung in seltener Vollständigkeit erhalten ist. Ein aus Mühlhausen stammender Reinhard, der zusammen mit seinem Bruder in Prag das Bürgerrecht erhalten und zu Reichtum gelangt war, ließ die Kapel-

le im späten 14. Jahrhundert erbau-
en. Die Malereien des Langhauses
stammen noch aus der Bauzeit, während die besser erhaltenen Darstellungen im Chorgewölbe um etwa
50 Jahre jünger sind. Der ursprüngliche Altar, den in Prag der Meister
Theoderich geschaffen hat, befindet

sich in der Stuttgarter Staatsgalerie.
Der jetzige Hauptaltar von 1510
stellt die Veitslegende dar. Ein Besuch
ist unbedingt lohnenswert.

Wir steigen nun weiter hoch bis
zum Friedhof und an ihm vorbei zum
Ortsrand. Hier stoßen wir auf die
Straße »Weidenbrunnen«, wo wir

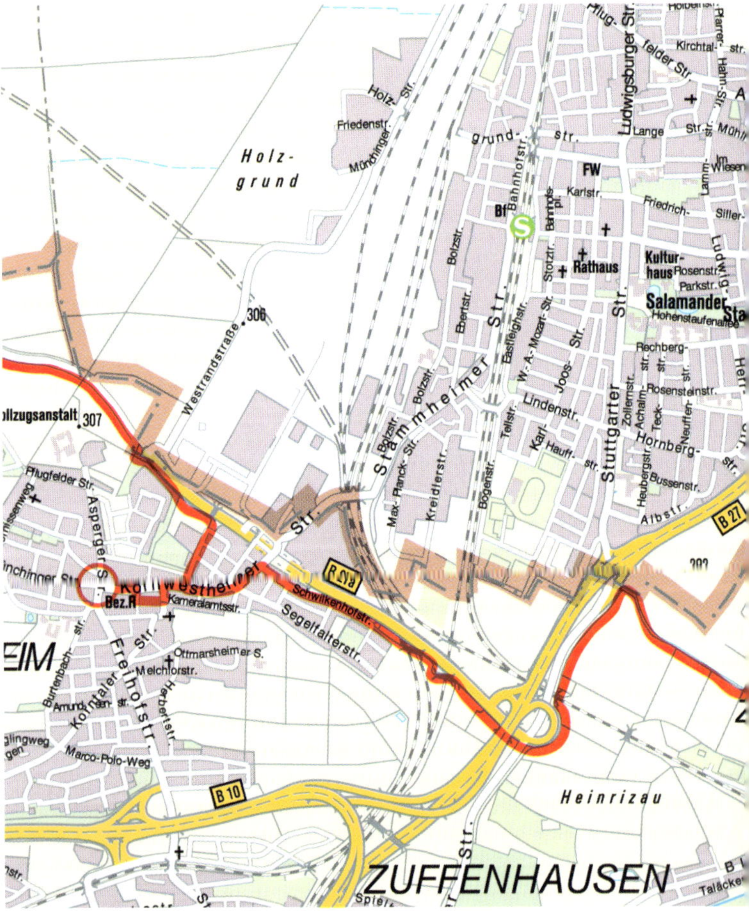

uns rechts halten. Nachdem gleich
darauf die Straße eine Rechtskurve
beschrieben hat, biegen wir nach
der Scheune, wo von rechts der
Grundweg kommt, nach links auf
den unbefestigten Weg ab. Am
nächsten Weg, der immer noch un-
befestigt von hölzernen Strommas-

ten begleitet wird, halten wir uns
links. Er zieht bald darauf nach
rechts auf die Gewerbeanwesen zu.
Wir biegen nach der Rechtskurve
nach links ab zur nächsten Scheune.
Nun haben wir zwei Möglichkeiten:
Entweder direkt zum Viesenhäuser
Hof weiterzugehen oder einen grö-

Scheune am Wegesrand

ßeren Umweg über den äußersten nördlichen Zipfel des Stuttgarter Stadtgebietes zu machen. Wer zum Viesenhäuser Hof gehen möchte, geht geradeaus weiter, links an der ausgedehnten Gärtnerei vorbei. Wer den Umweg vorzieht, geht stattdessen an der asphaltierten Querstraße vor den Birken rechts. Ein Wohnhaus und ein Fabrikgebäude lassen wir links liegen und kommen zu einer jungen Allee, welche die Stadtgrenze bildet. Sie führt uns mit einer Rechtskurve zum »Sonnenhof«. Da es auf der Grenze keine gangbaren Wege gibt, müssen wir für ein paar hundert Meter auf Remsecker Markung ausweichen. Unmittelbar vor dem Sonnenhof müssen wir den Weg links nehmen.

Der **»Sonnenhof«** liegt zwar schon auf der Markung von Remseck-Aldingen, jedoch wird er allgemein noch zu Stuttgart-Mühlhausen gehörig bezeichnet. An seinem Hauptgebäude findet man eine Tafel, die darauf hinweist, dass die Hofgebäude 1944/45 »in schwerer Zeit«, das heißt in der Endphase des Zweiten Weltkriegs, erbaut wurden. Heute gibt es einen Hofladen, daneben ein Tiergehege für Gänse, Hühner und Ziegen; außerdem lockt ein besonderes Erlebnis-Angebot für Kinder.

Hinter dem Sonnenhof macht der Weg eine Biegung nach rechts. Wir gehen bis auf die Höhe des ersten Hochspannungsmasten und auf einem Wiesenweg an diesem links vorbei hinunter ins Mussenbachtal, das teilweise auch als »Kuffental« bezeichnet wird. Bei dem in einen Baum gebauten Hochsitz erreichen wir eine asphaltierte Querstraße, auf der wir uns links wenden. An einem Maschendrahtzaun entlang kommen wir zu einer Brücke, auf der wir den Gänsbach oder Mussenbach genannten Bachlauf überqueren. Dahinter führt der Weg steil bergauf an Kleingärten vorbei und durch ein kleines Wäldchen hindurch zur Hochebene. Wenn wir uns umwenden, haben wir einen schönen Blick auf den Sonnenhof und bis nach Oeffingen und Schmiden. Nun nehmen wir den zweiten Weg links zwischen Kleingärten und freiem Feld, der uns zu einem Erdwall führt. Nun haben wir wieder die Stadtgrenze von Stuttgart erreicht, an der wir nun rechts immer entlang des Gehölzstreifens bis zur Verbindungsstraße Kornwestheim–Aldingen gehen.

Das Gelände hinter dem Gehölzstreifen ist der ehemalige US-Flugplatz Pattonville. Er liegt ganz auf Stuttgarter Markung und wird nach Abzug der US-amerikanischen Truppen als privater Sportflugplatz genutzt. Obwohl nur sehr wenig Flugverkehr stattfindet, ist ein Betreten des Geländes »für Unbefugte« verboten. Kurz vor Erreichen der Straße sehen wir links die Start- und Landebahn und einen hölzernen Kontrollturm.

Da es im Bereich des Flugfeldes keinen Fußgängerweg gibt, müssen wir die querende Verbindungsstraße, die hier entlang des Flugplatzes die Stadtgrenze bildet, überschreiten. Die Straße ist zu gewissen Zeiten stark befahren, lassen Sie daher bitte größte Vorsicht walten. Auf der anderen Seite gehen wir auf dem asphaltierten Weg parallel zur Straße links. Nach einer gewissen Wegstrecke kommen wir zur Zufahrtstraße zum Remsecker Stadtteil Pattonville, überqueren diese und gehen immer noch geradeaus weiter.

Der Stadtteil **Pattonville** ist gerade noch im Bau. Auf rund 80 Hektar der früheren amerikanischen Wohnsiedlung wird eine »Stadt im Grünen« für bis zu 7000 Menschen und einer Vielzahl von Arbeitsplätzen entstehen. Den amerikanischen Ortsnamen hat man bewusst beibehalten.

An unserem Weg liegt bald rechts in dem Brachgelände ein Kindergarten und ein Golfplatz. Unmittelbar hinter dem grünen Willkommen-Schild geht links ein Weg von der Straße ab, auf dem wir in ein Freizeitgelände gelangen. Beim Überqueren der Straße bitte größte Vorsicht walten lassen, da sich die Fahrzeuge teilweise mit hoher Geschwindigkeit nähern.

Man kann nun entweder geradeaus über die Wiese durch ein locker mit Bäumen bestandenes Wäldchen bergab gehen und sich bald leicht links bis zu einem Weg halten. Eine andere Möglichkeit wäre, etwa 100 Meter hinter der Straße auf einem links abgehenden Pfad zum Flugplatzgelände zu gehen und dort den mit Splitt bestreuten Weg rechts sanft abwärts zu nehmen. Man muss dabei auf einer Strecke von etwa 100 Metern das Fluggelände peripher passieren. Auf diesem talwärts führenden Weg treffen sich beide Streckenmöglichkeiten wieder.

Unser Weg verläuft hinunter bis zu einem kleinen Brücklein über den Gänsbach oder Mussenbach, den man kräftig rauschen hört. Auf der anderen Bachseite gehen wir geradeaus in Richtung des bereits vor uns liegenden Viesenhäuser Hofs. Vor dem Hinweisschild »Geschütztes Biotop«, das auf einen alten Hohlweg verweist, wenden wir uns rechts und erreichen schließlich eine asphaltierte Straße, wo wir rechts gehen. Nun folgen wir wieder der normalen Wegbeschreibung.

Der **Viesenhäuser Hof** wurde erstmals 1276 als »Visenhusen« urkundlich genannt, was »Siedlung des Viso« bedeutet. Er gehörte den Ortsherren von Mühlhausen und seit dem 19. Jahrhundert der Hofkammer des Hauses Württemberg. Um 1900 wurde zeitweise sogar ein Exerzierplatz eingerichtet. Der Hof liegt auf der ehemaligen Gemarkung von Mühlhausen und wurde mit diesem 1933 nach Stuttgart eingemeindet.

An der Verzweigung nach diesem großen Bauernhof bleiben wir rechts und kommen hinab ins Gänsoder Mussenbachtal. Wir folgen vor Bach und Kläranlage dem nach links weisenden Radwegschild. Der Weg knickt am Zaun bald nach links, dann gleich nach rechts ab und bringt uns zu einem querenden Weg, auf dem wir nach links gehen.

Wir spazieren an den rechts stehenden Häusern, die bereits zu Kornwestheim gehören, vorbei, bis wir rechts viele Garagentore sehen, hier kommt von den Häusern eine asphaltierte Zufahrt. Wir biegen nach dem eingezäunten Grundstück mit den hohen Bäumen nach links ab, nun wieder auf einen unbefestigten Weg.

Die lössbedeckten Höhen im Norden von Stuttgart gehören zu den besiedelungsintensivsten Gegenden Baden-Württembergs. Ausgepflügte Skelette und Oberflächenfunde haben schon lange angezeigt, dass der Boden viele Geheimnisse barg. Besonders westlich des Viesenhäuser Hofs haben daher seit 1931 immer wieder großflächige Ausgrabungen stattgefunden, die Siedlungsspuren und Gräber aus verschiedenen vorgeschichtlichen Epochen zu Tage gefördert haben. Unter anderem fand man den ältesten steinzeitlichen Friedhof Südwestdeutschlands, dessen früheste Gräber vor 7500 Jahren angelegt und die Toten darin in Hockerstellung bestattet wurden.

Als zu Beginn der 90er-Jahre des 20. Jahrhunderts die Stadt Stuttgart beim Viesenhäuser Hof ein neues Stadtviertel auf 25 Hektar Fläche plante, wurden die Grabungen intensiviert. Dabei stieß man beispielsweise auf einen tönernen Ring im Beckenbereich eines Frauenskeletts, was auf besondere medizinische Kenntnisse während der Späthallstattzeit hinweist. Auch wurden hier die ältesten Funde von domestizierten Ziegen in Europa gemacht. Insgesamt fand man über 4000 archäologische Einzelspuren, wobei dies nur ein kleiner Teil des ursprünglich Vorhandenen sein durfte.

Wir wandern, bis unser Weg in das vom Viesenhäuser Hof kommende Hofsträßle einmündet. Ihm folgen wir nach rechts, überqueren die nach Kornwestheim führende Theodor-Heuss-Straße und behalten dahinter unsere Richtung bei.

Wir biegen aber nicht mit dem ersten nach links abgehenden, unbefestigten Feldweg nach links ab – obwohl so eigentlich die Grenze ver-

Blick auf das Flugfeld des Flugplatzes Pattonville

läuft, sondern erst beim nächsten, wo wir an einem an Fronleichnam 1990 aufgestellten Feldkreuz vorbeikommen. Am nächsten Querweg gehen wir rechts. Hier steht ein sehr niedriger, moderner Grenzstein aus Granit mit einer Kerbe als Grenzlinie.

Auf diesem Weg entlang der Grenze bleiben wir bis zum Ende, wo ein Querweg verläuft. Weil die Straßenbauwerke der B 27 und die Gleisanlagen der Bahn keinen Spaziergang unmittelbar an der Grenzlinie entlang zulassen, gehen wir etwas von der Grenze abgerückt zu unserem Ziel, der Straßenbahn in Stammheim.

An dem Querweg wenden wir uns links und halten uns an den beiden folgenden Wegegabelungen jeweils rechts talwärts. Wir gehen zwischen der Scheune und dem Bauernhof hindurch und auf diesem Weg geradeaus bis zum Talgrund, wo der Bisachgraben verläuft. Links hat man einen Blick auf Zazenhausen und dahinter sieht man das Bürogebäude der Landesversicherungsanstalt LVA in Freiberg.

Rechts von uns auf der Anhöhe lag einstmals ein großer römischer Gutshof, der zu den schönsten Südwestdeutschlands gehört haben muss. Der Flurname **»Steinigen«** deutet noch auf den Trümmerschutt, der hier die Felder bedeckte, hin. Leider ist an der Oberfläche heute nichts mehr von den außerordentlich eindrucksvollen Funden zu sehen. Der römische Gutshof bei Zazenhausen hatte leider das Pech, dass bereits unter Herzog Eberhard Ludwig im Jahr 1701 ein Gebäude mit fünf Räumen und teilweise drei Meter hohen Wänden freigelegt wurde. Ferner fand man eine Heizungsanlage und einen auf zwölf Pfeilerchen ruhenden Bronzekessel sowie ein Türgestell mit den Angeln und einem darüber angebrachten bronzenen Hirschkopf. Von diesen Aufsehen erregenden Funden ist leider nichts mehr erhalten.

Auch bei späteren Grabungen im 19. Jahrhundert stieß man auf Atemberaubendes: Drei halbrunde Badebecken waren mit Plättchen aus Marmor und Serpentin edel ausgekleidet, der Fußboden zeigte schwarze und weiße Marmorfliesen und am Wandputz konnte man Pflanzen-, Tier- und Menschendarstellungen erkennen. Wäre der Fundort in den früheren Jahrhunderten unentdeckt geblieben und erst in unserer Zeit systematisch ausgegraben worden, wir hätten hier an der Stadtgrenze eine Sehenswürdigkeit ersten Ranges!

Am Bisachgraben gehen wir rechts und an diesem entlang immer geradeaus bis zur Unterführung unter der Bundesstraße 27. Unmittelbar vor der Unterführung wenden wir uns links und gehen parallel zur Straße an Feldern und Kleingärten entlang zur Brücke über die Eisenbahnstrecke, die von Untertürkheim über Münster und Zazenhausen nach Kornwestheim führt. Hinter der Brücke gehen wir in einem Bogen um eine Straßenschleife herum. Dahinter erreichen wir über eine Spitzkehre den ampelgeregelten Fußgängerüberweg über die Ludwigsburger Straße.

Wir unterqueren dann die vierspurige Brücke der Bundesstraße 27 und gehen geradeaus ein Stück an der Bundesstraße 27a entlang, bis der Weg zu einer weiteren Eisenbahnbrücke über die S-Bahn sanft hinabführt. Laut Inschrift an der Brückenbrüstung wurde sie »im Kriegsjahr 1916« erbaut. Nach einer Rechtskurve erreichen wir die dritte Brücke, diesmal über die ICE-Schnellbahnstrecke Stuttgart–Mannheim. Beim Blick nach rechts

können wir unter der Straßenbrücke hindurch das runde Tunnelportal für die Expresszüge erkennen. Die anderen Gleise führen zum Kornwestheimer Rangier- und Umschlagbahnhof.

Bald kommen wir in die Schwilkenhofstraße, welcher wir bis zur Kornwestheimer Straße folgen. Dort gehen wir links und erreichen am Ende der Kornwestheimer Straße den Freihofplatz mit der Haltestelle der Straßenbahnlinie 15, dem Ziel unserer Wanderung. Auf unserem Weg dahin können wir noch einen Abstecher zur Kirche und in den Hof des Stammheimer Schlosses unternehmen. Beide liegen links am Weg.

- **Länge:**
  Etwa 13 Kilometer.

- **Zeit:**
  Etwa 3 ½ Stunden.

- **Höhenmeter:**
  Etwa 200 Meter.

- **Sonstiges:**
  Man wandert längere Strecken auf unbefestigten Feldwegen, die durch Traktoren aufgewühlt und dementsprechend schmutzig sein können.

- **Charakter:**
  Die Tour führt vorwiegend durch eine von landwirtschaftlicher und gärtnerischer Nutzung geprägte Landschaft.

Etappe 4

Von Stammheim bis Korntal

■ **Ausgangspunkt:**
Straßenbahnhaltestelle Stammheim Rathaus (Straßenbahnlinie 15).

■ **Endpunkt:**
S-Bahn-Station Korntal (S 6).

■ **Wegverlauf:**
Von der Haltestelle »Stammheim Rathaus« am Freihof-Platz gehen wir rechts in die Kornwestheimer Straße hinein. An alten Giebelhäusern vorbei gelangen wir bis zur Nummer 21, dem kürzlich renovierten Stammheimer Schloss.

Das im ausgehenden 12. Jahrhundert erstmals genannte **Stammheim** geht auf eine merowingerzeitliche Siedlung zurück, wie Reihengräberfunde beweisen. Der Ortsname erinnert an die bei der Rodung im Gelände stehen gebliebenen Baumstümpfe. Als Lehensträger der Pfalzgrafen von Tübingen waren die Herren von Stammheim seit dem 12. Jahrhundert der ansässige Ortsadel. Als das Stammheimer Adelsgeschlecht 1588 ausstarb, waren die Schertlin von Burtenbach die Erben. 1737 gelangte der Ort

Schloss Stammheim ist ein Schmuckstück der Renaissance von 1581.

schließlich durch Kauf an das Haus Württemberg. 1942 wurde Stammheim von Stuttgart eingemeindet.

Das Stammheimer **Schloss** wurde an der Stelle der alten Burg der Ortsherren zwischen 1579 und 1581 durch den späteren württembergischen Hofbaumeister Heinrich Schickhardt erbaut. Auftraggeber war Hans Wolf von Stammheim, mit dem sein Geschlecht wenig später ausstarb. Nach dem Übergang an Württemberg im 18. Jahrhundert war das Schloss entweder Behördensitz oder in der Hand wohlhabender Privatleute. Seit 1896 dient der Renaissancebau sozialen Zwe-

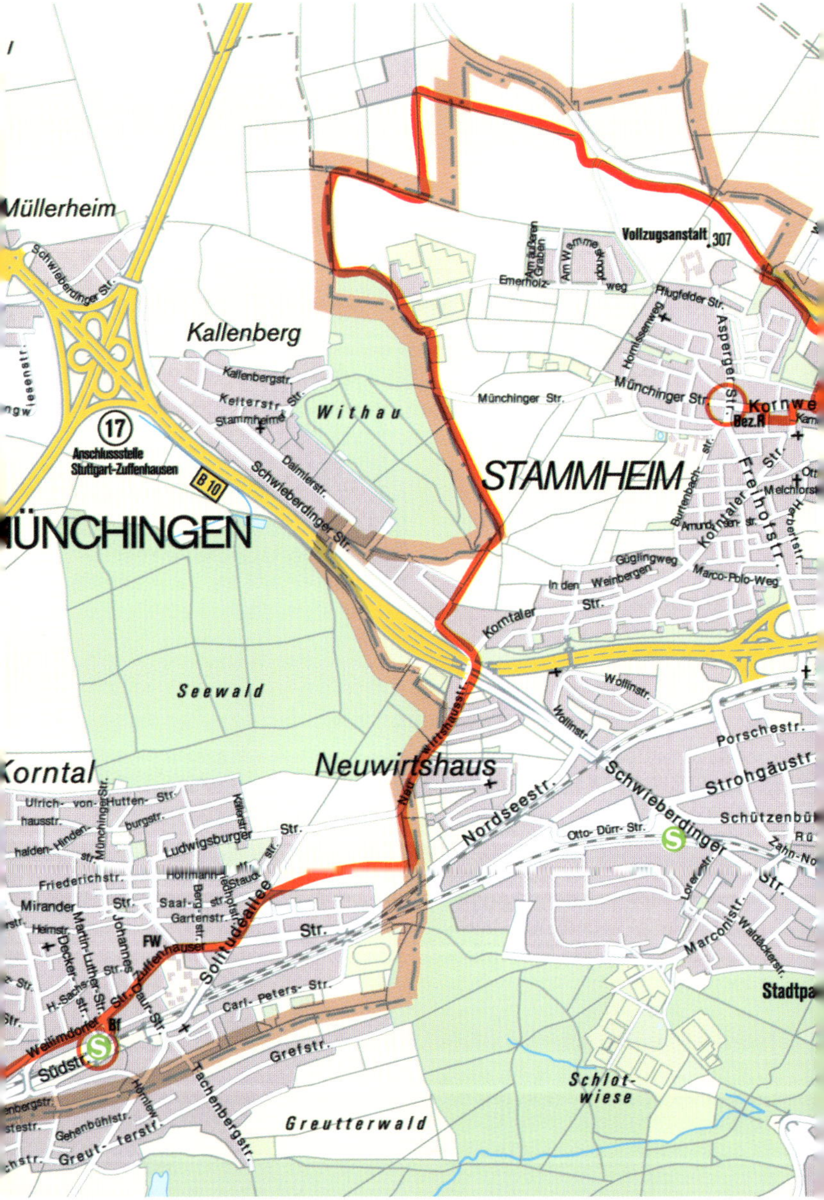

Müllerheim

Kallenberg

Withau

MÜNCHINGEN

Anschlussstelle
Stuttgart-Zuffenhausen
17
B 10

Vollzugsanstalt
307

Emerholz

Münchinger Str.
Münchinger Str.
Kornwe
Bez.R

STAMMHEIM

Seewald

Korntaler Str.

Wollinstr.
Wollinstr.

Neuwirtshaus

Porschestr.

Strohgäustr.

Korntal

Ludwigsburger
Str.

Nordseestr.
Otto-Dürr-Str.
Schwieberdinger

Schützenbü

Mirander

FW

Solitudeaues
Str.

Carl-Peters-Str.

Stadtpa

Südst.

Grefstr.

Greutterwald

Schlat-
wiese

cken. Die Dreiflügelanlage war früher von einem Wassergraben umgeben, der mittlerweile zugeschüttet ist. Im Hof sieht man einen Treppenturm mit der Jahreszahl 1581 und die Säulen des einst offenen Arkadengangs.

Wir können nach rechts zum Hof der Dreiflügelanlage gehen, den wir dann nach links durch die Einfahrt wieder verlassen. An der zum Kultur- und Begegnungszentrum ausgebauten Schlossscheuer vorbei kommen wir zur Korntaler Straße, wo wir einen malerischen Blick nach rechts zur Kirche und zum Pfarrhaus haben. Hier gehen wir nach links und erreichen nach wenigen Schritten wieder die Kornwestheimer Straße, auf welcher wir uns nach rechts wenden. Bald biegen wir nach links in den Ehniweg ein. An dessen Ende gehen wir geradeaus weiter bis zur Brücke über die Bundesstraße 27a, vor der wir links abbiegen und uns nun immer parallel zur Lärmschutzwand halten. Die eigentliche Grenze verläuft nun für wenige hundert Meter im Zickzack jenseits der B 27a, wir bleiben aber diesseits.

Auf der anderen Seite der Bundesstraße sieht man einen Teil des **Kornwestheimer Containerbahnhofs**. Er ging aus dem 1911 gegründeten württembergischen Landesgüterbahnhof hervor. Von ihm aus starten auch Autoreisezüge quer durch Europa.

Wo der Zaun der Justizvollzugsanstalt beginnt, gehen wir rechts auf dem Wiesenweg immer noch parallel zur Bundesstraße. Bald überqueren wir an der Brücke zum ersten Mal die Solitudeallee und gehen weiter geradeaus bis zu einer von links in die Bundesstraße 27a einmündenden Straße. Diese einmündende Straße müssen wir nun – bitte mit größter Vorsicht, da zu gewissen Zeiten mit LKW befahren – in Richtung auf die Wellblechscheune überqueren. Vor der Scheune biegen wir nach rechts ab und gehen auf dem asphaltierten Weg bald links, wo wir geradeaus bis zu den Gärtnereianwesen wandern.

Nach Haus Nummer 6 biegen wir scharf nach links ab und gehen bis zum Querweg etwa hundert Meter vor den Bäumen. Hier biegen wir nach rechts ab und gehen etwa 400 Meter, bis wir rechts vor uns ein Baumgrundstück sehen, hier biegen wir nach links ab. Nach dem Querweg geht es zwischen zwei eingezäunten Baumgrundstücken zu einer Waldecke, wo ein Schild auf das Landschaftsschutzgebiet hinweist. Wir biegen nach links ab und folgen dem kurz darauf nach rechts in den Wald ziehenden Weg. Links liegt das Leistungszentrum des Württembergischen Tennis-Bundes.

Wir folgen nun immer dem zwischen Waldrand und den Gebäuden verlaufenden Weg, vorbei an den Gebäuden, Sportgaststätten und Sportplätzen, später sehen wir links der Straße Baumwiesen.

Entlang unseres Weges am Waldrand kommen wir an einigen

Grenzsteinen verschiedenen Alters vorbei. Sie sind teilweise im Unterholz verborgen, teilweise direkt im Graben neben dem Weg oder sogar in den Gärten nahe der Solitudeallee zu entdecken. Die jüngsten zeigen die Inschriften »M. St.« für Markung Stammheim beziehungsweise Stuttgart und »M. M.« für Markung Münchingen.

Nach der nach rechts abgehenden Münchinger Straße kommen wir an einem Spielplatz vorbei. Danach geht es etwas aufwärts bis zur querenden Solitudeallee.

Die **Solitudeallee** wurde in den 60er-Jahren des 18. Jahrhunderts unter Herzog Carl Eugen als schnurgerade Achse zwischen dem Schloss Solitude und seiner Residenz Ludwigsburg angelegt. Anfangs war es der Bevölkerung untersagt, die Verkehrsverbindung zu benutzen. Als aber das Interesse Herzog Carl Eugens nach 1775 immer mehr seiner neuen Schöpfung Hohenheim galt und die Solitude verwaiste, durfte auch das einfache Volk auf der Solitudeallee fahren, reiten und spazieren gehen. Die über 13 Kilometer lange Achse wurde 1818/19 als Basislinie für die erste Landesvermessung Württembergs festgelegt.

Wir biegen nach rechts ab und gehen, vorbei am Wasserbehälter, hinab zum Gewerbegebiet und zur Schwieberdinger Straße. Auf der anderen Straßenseite sehen wir die Bushaltestelle »Neuwirtshaus Gaststätte«. Wer möchte, kann ab hier zurückfahren (Linie 612 zur S-Bahn

nach Korntal, Linie 501 nach Zuffenhausen zur S-Bahn oder nach Feuerbach zu S- und U-Bahn). Ansonsten halten wir uns links zum Hotel und überqueren dort nach rechts die Ampelanlage.

Das **»Neuwirtshaus«** war ursprünglich ein um 1600 erbautes Gasthaus, das »Herberg an der Elbenstraße« genannt wurde und an der in Richtung Schwieberdingen führenden ehemaligen Römerstraße lag. Der nahezu schnurgerade Straßenverlauf ist bis heute im Wesentlichen unverändert geblieben; heute heißt sie »Schwieberdinger Straße«. Als die Herberge neu erbaut wurde, sprach man seit 1737 vom »neuen Wirtshaus«. Dieses »Neuwirtshaus« wurde später eine Domäne der württembergischen Hofkammer. Das barocke Wirtsgebäude wurde im ausgehenden 20. Jahrhundert abgebrochen und in den alten Formen wiedererrichtet. Es wird heute wieder als Gaststätte genutzt.

Unweit davon ist zwischen 1932 und 1934 auf einem Teil des Domänengeländes die Siedlung Neuwirtshaus entstanden. Ähnlich wie Steinhaldenfeld ist auch diese aus 305 Baugrundstücken bestehende Anlage überwiegend im Eigenbau durch die Bewohner errichtet worden. 200 Tagwerke hatte jeder Bewerber zu leisten, worauf die fertigen Häuser verlost wurden. Die gemeinsame Arbeit hat die Menschen in der Siedlung Neuwirtshaus enger als anderswo zusammenrücken lassen. Das Gemeinschaftsgefühl war von Anfang an sehr stark entwickelt. Die Hausgrundfläche betrug 51 Quadratmeter und das jeder Familie zur Verfügung stehende Gesamtgrundstück 850 Quadratmeter. Dies reichte mindestens zur Selbstversorgung aus, in guten Jahren konnte ein Teil des Ertrages sogar auf dem Markt verkauft werden.

Auf der anderen Seite folgen wir der Neuwirtshausstraße, erst entlang von Häusern, dann am Waldrand entlang. Es geht bergab, dann zieht die Straße vor dem Talhof nach rechts. Wir wandern zwar geradeaus weiter, sollten aber vorher etwas weiter rechts gegenüber der Einfahrt zum Talhof noch einen Blick auf den kleinen Gedenkstein werfen.

1853 wurde der Korntaler Gemeindepfleger **Carl Köllner** am Sterbetag von Jesus Christus, einem Karfreitag, auf freiem Feld vom Tod überrascht. Das Bibelzitat aus dem Lukasevangelium beinhaltet die letzten Worte von Christus am Kreuz, bevor er starb.

Nach der Pferdekoppel des Talhofes biegen wir nach rechts ab, nun auf Korntaler Gebiet. Vor den Häusern treffen wir wieder auf die Solitudeallee, in die wir nach links einbiegen. Bald darauf stoßen wir auf die Zuffenhauser Straße, der wir nach rechts folgen. Sie geht in die Weilimdorfer Straße über, die uns zur links liegenden S-Bahn-Station »Korntal« bringt.

■ **Länge:**
Etwa 10 Kilometer.

Gedenkstein für Carl Köllner aus Korntal

■ **Zeit:**
Etwa 2 Stunden.

■ **Höhenmeter:**
Etwa 100 Meter.

■ **Sonstiges:**
Die Tour verläuft auf befestigten und Naturwegen.

■ **Charakter:**
Dieses Teilstück bietet Felder, Baumwiesen und ein wenig Wald.

■ **Einkehrmöglichkeiten:**
Gaststätte Waldeck (SC Stammheim), Gaststätte Sporthaus (SC Stammheim), Hotel Neuwirtshaus, Sportgaststätte Neuwirtshaus bei Kaufmanns (SpVgg Neuwirtshaus), Gasthaus Vereinsheim Grenzacker.

Etappe 5

Von Korntal bis Weilimdorf

- **Ausgangspunkt:**
  S-Bahn-Station Korntal (S 6).

- **Endpunkt:**
  S-Bahn-Station Weilimdorf (S 6).

- **Wegverlauf:**
  Wir verlassen die S-Bahn-Station auf der Nordseite, gehen zur Weilimdorfer Straße und halten uns hier links. Wer an dieser Stelle jedoch geradeaus weitergehen möchte, kommt ins Zentrum von Korntal.

Ein Hof **»Korntal«** wurde im Jahr 1297 in den Statuten des Sindelfinger Chorherrenstiftes erstmals urkundlich erwähnt. Es kam immer wieder zu Besitzerwechseln bis die Herren von Münchingen und von Görlitz ab dem 17. Jahrhundert gemeinsam das Hofgut verwalteten. Als zu Beginn des 19. Jahrhunderts immer mehr Pietisten in Erwartung der Wiederkehr Christi aus Württemberg auswanderten, kaufte 1819 das ein Jahr zuvor von G. W. Hoffmann gegründete Brüderkollegium um fast 165 000 Gulden das etwa 300 Hektar große Rittergut Korntal. Der neuen, aus 68 Familien bestehenden Gemeinde gewährte König Wilhelm I. von Württemberg ein Privileg, das weitgehende religiöse und politische Autonomie garantierte.

Das älteste Gebäude von Korntal ist das so genannte **»Landschlosshotel«**, das Mitte des 18. Jahrhunderts als Herrenhaus der Freiherrn von Görlitz errichtet wurde. Seit 1819 ist es Gemeindegasthaus für die Unterbringung auswärtiger Gäste. Der pietistisch schlicht gehaltene **»Große Saal«**, der in der Korntaler Brüdergemeinde die Kirche ersetzt, stammt noch aus dem Gründerjahr 1819. Bemerkenswert ist auch der **Alte Friedhof**, der früher »Begräbnisgarten« genannt wurde, wegen der Einheitlichkeit der Grabgestaltung. Wie auf jüdischen Friedhöfen haben die Verstorbenen in Korntal ein ewiges Ruherecht, ganz im Gegensatz zu der sonst üblichen Praxis in Deutschland.

Korntal wurde im Zuge der Gemeindereform 1975 mit Münchingen zur Gemeinde Korntal-Münchingen vereinigt.

Unsere Grenzroute führt weiter an der Weilimdorfer Straße entlang.

Auf dem Alten Friedhof in Korntal haben die Verstorbenen ein ewiges Ruherecht.

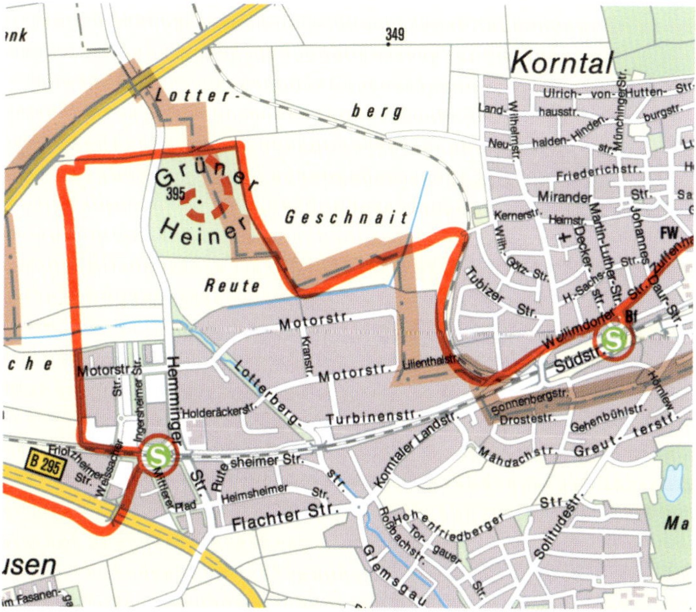

Wo an der nach rechts abgehenden Charlottenstraße ein Straßenzweig nach links über eine Brücke führt, nehmen wir weiter die rechts der Bahntrasse verlaufende Weilimdorfer Straße und spazieren durch das Industriegebiet. Nach den Gleisen biegen wir rechts ab und gehen parallel zu ihnen, erst entlang von Häusern, dann neben Feldern und mit Blick auf den Grünen Heiner bis vor einen Bauernhof (rechts liegt die Bahnstation »Korntal Gymnasium« der Strohgäubahn). Vor dem Hof biegen wir nach links ab und gehen bis zu einem querenden Asphaltsträßchen. Hier biegen wir nach rechts ab und kommen in eine Art Hohlweg zwischen zwei Hecken zum Naturdenkmal »Hecke im Geschnait«.

Hier sehen wir eine typische Hecke, wie sie an trockenen und mageren Standorten oft vorkommt. Sie besteht vor allem aus Schlehen, aber auch Hundsrose, Weißdorn, Liguster und Hartriegel kommen vor. Derartige, heute leider recht selten vorkommenden Hecken geben zahlreichen Tieren Schutz, Nistmöglichkeiten und Nahrung. In solchen Hecken leben auch so selten gewordene Vogelarten wie der Neuntöter oder die Dorngrasmücke.

Wir spazieren nun einen leicht ansteigenden Weg hinauf. An dessen Ende biegen wir nach links zum Parkplatz ab. Dort beginnt der Aufstieg zum Gipfel des Grünen Heiner. Die Stadtgrenze verläuft hier quer über den Hügel, der höchste

Punkt liegt aber auf Stuttgarter Gebiet.

Als weithin sichtbare Landmarke steht der künstliche Aufschüttungsberg **»Grüner Heiner«** auf der relativ ebenen Muschelkalkplatte der Gäuflächen. Die Gegend hieß früher »Lotterberg« und diente unmittelbar nach dem Zeiten Weltkrieg als Deponie für Trümmerschutt. Der jetzige »Grüne Heiner« wurde in den sechziger und siebziger Jahren des 20. Jahrhunderts mit dem Aushub für den U- und S-Bahn-Bau um fast 70 Meter über das natürliche Gelände auf jetzt 395 Meter Höhe aufgeschüttet. Gegen den Widerstand der benachbarten Gemeinden Gerlingen und Korntal-Münchingen wurde nach vierjähriger Vorbereitungszeit im Februar 2000 auf dem »Grünen Heiner« eine Windkraftanlage in Betrieb genommen. Der 500 Kilowatt-Windrotor konnte bis Ende 2001 bereits eine Million Kilowattstunden Strom erzeugen, da die Windgeschwindigkeit im Jahresmittel 5,7 Meter pro Sekunde beträgt, was für das süddeutsche Binnenland einen hervorragenden Wert darstellt. Der »Grüne Heiner« ist besonders an den Wochenenden ein bei den Modellfliegern beliebter Berg – trotz des »störenden« Windrotors.

Die hier zwischen Korntal und Ditzingen bis zur Autobahn vorstoßende Gemarkung von Stuttgart gehörte ursprünglich zu Weilimdorf und wurde 1933 eingemeindet.

Der Rest des Weges verläuft etwas abseits der Stadtgrenze, weil es

Der auf 395 Meter Höhe aufgeschüttete »Grüne Heiner« ist ein markanter Aussichtsberg.

direkt an ihr entlang kaum Wandermöglichkeiten gibt. Wir gehen nach der »Besteigung« des Grünen Heiners zur Landstraße und hinter ihr geradeaus weiter. Kurz vor dem Autobahndurchlass zweigt von unserem Weg ein unbefestigter Weg nach links ab. Er verläuft kurz geradeaus und knickt dann wiederum nach links ab. Nun gehen wir immer geradeaus nach Süden, überqueren den Lindenbach, kommen am Weilimdorfer Industriegebiet vorbei und stoßen schließlich auf die S-Bahn-Linie. Hier biegen wir nach links ab und spazieren zur S-Bahn-Station »Weilimdorf«.

■ **Länge:**
Etwa 5 ½ Kilometer.

■ **Zeit:**
Etwa 2 Stunden (einschließlich Grüner Heiner).

■ **Höhenmeter:**
Etwa 200 Meter (einschließlich Grüner Heiner).

■ **Sonstiges:**
Wir gehen auf befestigten Wegen, Straßen und Naturwegen.

■ **Charakter:**
Die Wanderung verläuft zwischen Industriegebieten, Feldern und Wiesen. Höhepunkt – im wahrsten Sinne des Wortes – ist der »Grüne Heiner«. Mit seiner »Windmühle« und dem Modellflugbetrieb ist er auch für Kinder interessant.

Etappe 6

Von Weilimdorf bis Giebel

■ **Ausgangspunkt:**
S-Bahn-Station Weilimdorf (S 6).

■ **Endpunkt:**
Stadtbahnstation Giebel (U 6, U 13).

■ **Wegverlauf:**
Wir verlassen die S-Bahn-Station auf der Südseite und gehen zwischen dem Hotel und der Park-and-ride-Anlage nach Süden, überqueren die Bundesstraße 295 und halten uns dahinter gleich rechts. Vor den ersten Häusern von Ditzingen biegen wir nach links ab und gehen nun ein Stück auf der Stadtgrenze zu Ditzingen.

Ditzingen wird im Lorscher Codex von 789 erstmals genannt. Interessant ist die Tatsache, dass die Glems die alte Grenze zwischen den Herzogtümern Schwaben und Franken war, was sich später in der Bistumsgrenze zwischen Konstanz und Speyer widerspiegelte. Dies hatte zur Folge, dass es in Ditzingen seit dem Mittelalter zwei Pfarrkirchen gab, die beide noch vorhanden sind, obwohl die Bistumsgrenze nach der Reformation wirkungslos geworden

war. Das Ditzinger **Schloss** errichteten die Herren von Münchingen im 17. Jahrhundert.

Die Zeissstraße knickt kurz darauf nach rechts ab. Danach biegen wir nach den ersten zwei Häusern nach links ab und gehen auf einem unbefestigten Weg hinab, vorbei am Sportplatz, bis vor die ersten Häuser von Hausen. Hier halten wir uns rechts bis zur Straße, dort ein paar Meter rechts und dann nach links hinab und über den Bach.

Der Name **»Hausen«** geht auf eine historische Siedlung zurück, die schon seit dem 12. Jahrhundert urkundlich nachweisbar ist. Im Jahr 1347 wurde sie »Husen« genannt und noch im 15. Jahrhundert soll sie bewohnt gewesen sein. Die Kirche des Ortes wurde 1530 als intakt beschrieben, danach scheint der Ort endgültig abgegangen zu sein, da er nur noch als Flurname genannt wird. Die ursprünglich bebaute Fläche lag teilweise auf Gerlinger Markung bei einem 1649 zugeschütteten See, der ebenfalls nur noch in den Gewannbezeichnungen Seefeld und Seewiesen erkennbar ist. Der heutige Stadtteil Hausen wurde nach dem Zweiten Weltkrieg in den Jahren 1947/48 für Vertriebene gegründet und später mehrmals erweitert.

Nach links gehen wir den Bach entlang. Wo oben das zweite, lang gestreckte Haus beginnt, biegen wir nach rechts ab, gleich darauf am Querweg noch einmal. Nach wenigen Metern, vor dem eingezäunten Baumgrundstück, halten wir uns links und spazieren bis zu einem querenden Weg, in den wir wiederum nach links einbiegen. Es geht erst etwas hinab, wir überqueren den Aischbach und wandern danach bis zu einer Umspannstation.

Nach ihr biegen wir links ab und spazieren zu einer Gärtnerei. Knapp dahinter biegen wir nach rechts ab, am nächsten Querweg links und dann wieder rechts. (Wer Kinder dabei hat und zu einem Spielplatz möchte, geht noch geradeaus weiter bis zur nächsten Gärtnerei; hier befindet sich unmittelbar am Weg ein Spielgelände für Kinder. Nach der Kinderpause biegen wir nach dem Gärtnereigebäude nach rechts ab und gehen immer geradeaus weiter).

Wir spazieren bis vor den Gerlinger Stadtteil Gehenbühl, hier biegen wir nach links ab und gehen auf der Straße bis zur nach rechts abgehenden Rappachstraße, die uns nach Stuttgart-Giebel bringt.

Die Rappachstraße ist die Grenze zwischen Stuttgart und Gerlingen. Rechts liegt der Gerlinger Orts-

teil Gehenbühl. Dieser Name bedeutet »jäher Bühl«, also Hügel mit steilem Abhang. Auf Stuttgarter Gebiet liegt direkt anschließend der Stadtteil **Giebel**. Der Flurname »Giebel« bezieht sich ebenfalls auf die natürlichen Gegebenheiten, denn er beschreibt die »höchste Stelle eines Hügels«. Das Gelände von Giebel gehörte einst zum Besitz des Berg-

heimer Hofes. 1953 bis 1964 wurde der neue Stadtteil von der Zentrale für den Wiederaufbau Stuttgarts (ZAS) geplant und in den siebziger Jahren erweitert.

Direkt entlang der Stadtgrenze spazieren wir nun bis zur Stadtbahn-Haltestelle »Giebel« in der Engelbergstraße.

■ **Länge:**
Etwa 4 ½ Kilometer.

■ **Zeit:**
Etwa 1 Stunde.

■ **Höhenmeter:**
Etwa 50 Meter.

■ **Sonstiges:**
Die Tour verläuft sowohl auf Naturwegen wie auch auf befestigten Wegen und Straßen.

■ **Charakter:**
Man geht vorwiegend durch Felder.

■ **Einkehrmöglichkeiten:**
Holiday Inn (Biergarten), Hotel Weyrer Hof, Gehenbühlstüble.

Etappe 7

Von Giebel bis Büsnau

- **Ausgangspunkt:**
  Stadtbahnstation Giebel (U 6, U 13).

- **Endpunkt:**
  Bushaltestelle Am Schattwald (Linie 81, 84, 92).

- **Wegverlauf:**
  An der Haltestelle spazieren wir noch kurz nach Westen auf dem links der Engelbergstraße parallel verlaufenden Leguanweg bis zum Herdweg, in den wir nach links einbiegen. Wir wandern nun wieder eine Zeit lang direkt auf der Stuttgarter Stadtgrenze.

  Der »Herdweg« liegt bereits auf Gerlinger Markung, obwohl die östliche Häuserzeile noch zu Stuttgart gehört. Es gibt also keine zwei Straßen dieses Namens in Stuttgart. Allerdings ist auch der Gerlinger Herdweg ein alter Wegname, da auf ihm früher ebenfalls Viehherden in den Wald getrieben wurden. Der Herdweg geht weiter oben in den »**Ganswiesenweg**« über – ein Hinweis auf die hier getriebenen Tiere.

  Östlich des »Herdwegs« liegt der Stuttgarter Stadtteil **Bergheim**.

Eine Siedlung ist bereits zu Beginn des 14. Jahrhunderts nachzuweisen, die aber bald – vielleicht durch die Pestepidemie 1347/48 – die meisten ihrer Einwohner verloren haben muss. Im Spätmittelalter sind dann nur noch zwei Höfe erwähnt. Einer davon, der bis 1434 den Herren von Gültlingen gehört hatte, wurde danach eine Schäferei der Grafen von Württemberg. Der andere so genannte »Untere Hof« war in wechselndem Besitz und ist noch vorhanden. In dem Hofgebäude aus dem 17. Jahrhundert ist heute ein Vorzugsmilchbetrieb untergebracht. Gerichtlich und kirchlich hat Bergheim zu Weilimdorf gehört. Eine Nikolaus-Kapelle wurde 1399 genannt. Zwischen dem Bergheimer Hof und der Stadtgrenze nach Gerlingen wurde seit 1940, aber dann vor allem in den fünfziger Jahren durch das Siedlungswerk der Diözese Rottenburg und die Evangelische Siedlungsgesellschaft eine neue Wohnsiedlung angelegt, die nun wieder den alten Namen »Bergheim« trägt.

Bald geht es am Waldrand entlang mit dem »roten Kreuz« in Rich-

tung »Schillerhöhe«. Nach dem Ganswiesenweg zieht die Straße – nun heißt sie »Im Stöckach« – etwas nach rechts und hinauf bis zu einem Wasserbehälter. Wir wandern jetzt auf Gerlinger Markung. Hier nehmen wir den nach links aufwärts ziehenden Weg, später einen Pfad, der uns geradeaus, aber recht steil hinauf bringt. Auf der Höhe zieht er nach rechts bis zu einem querenden Waldweg, wo wir uns links halten. Bequemer, aber etwas länger, ist der mittlere Weg ab dem vorgenannten Wasserbehälter. Er führt in Kurven aufwärts bis zu der Stelle, wo unsere steile Wegvariante einmündet.

Der Waldweg bringt uns zu dem Sträßchen, das an den Gerlinger Sportplätzen vorbei zum Waldfriedhof führt. An der Kreuzung zur Solitudestraße halten wir uns links. Nach wenigen Geh-Minuten biegen wir an der Bushaltestelle »Schillerhöhe« nach rechts ab zur gleichnamigen Klinik. Es ist eines der traditionsreichsten und renommiertesten Zentren für Pneumologie und Thoraxchirurgie in Deutschland.

Die Gerlinger **»Schillerhöhe«** erhielt ihren Namen 1905 aus Anlass des 100. Todestages des Dichters Friedrich Schiller, der von 1773 bis 1775 ganz in der Nähe auf der Solitude in der »Militärischen Pflanzschule«, der späteren Hohen Carlsschule, zunächst Jura und dann Medizin studiert hat. 1775 wurde die Schule nach Stuttgart verlegt, wo Schiller noch fünf Jahre als Eleve ausgebildet wurde. Als der 13-jährige Knabe am

Die Kavaliershäuser auf der Solitude sind eine beliebte Wohnadresse.

17. Januar 1773 auf der Solitude ankam, attestierte der Arzt, er sei »mit einem ausgebrochenen Kropf und etwas verfrörten Füßen behaftet, sonst aber gesund befunden«. Schillers Vater war auf der Solitude der Vorstand der Hofgärtnerei und starb 1796. Neben einer kurz zuvor verstorbenen Schwester des Dichters hat er auf dem Gerlinger Kirchhof sein Grab gefunden.

Wir folgen der Zufahrtsstraße und wo diese eine Rechtskurve beschreibt, gehen wir geradeaus weiter auf der schnurgerade verlaufenden Waldallee. Nun wandern wir wieder direkt auf der Grenze.

Nach einigen Minuten sehen wir links das Schloss Solitude, zu dem wir einen Abstecher einplanen sollten.

An einem Herbsttag des Jahres 1763 kam Herzog Carl Eugen anlässlich einer Jagd an einen 150 Meter über den Gäuflächen gelegenen Aussichtspunkt und entschied: Hier soll ein Schloss entstehen. Nur wenige Wochen später wurde der Bauplatz vorbereitet und 1764 wurden die Fundamente gelegt. Da der Herzog damals seine Hauptresidenz von Stuttgart nach Ludwigsburg verlegte, wurde der Schlossbau direkt nach Ludwigsburg hin ausgerichtet und beide Residenzen durch die Solitudeallee miteinander verbunden. Die **Solitude** sollte allmählich zu einer kleinen Stadt ausgebaut werden, doch das Interesse des Herzogs an seiner Neugründung erlahmte bereits Mitte der siebziger Jahre, da nun das Hohenheimer Schloss zur Sommerresidenz für ihn und seine spätere Gemahlin Franziska auserkoren wurde.

Schloss Solitude war von ausgedehnten Park- und Gartenanlagen umgeben, von denen heute nur noch der Weiher im östlichen Bereich zeugt. Wegen der guten Aussicht wurde die Solitude schon recht bald ein Ausflugsziel für die Bevölkerung. Seit 1830 steht das Schloss zur Besichtigung offen. Die elegante Anlage, die stilistisch am Übergang vom Rokoko zum Frühklassizismus steht und auf eigenhändige Entwürfe des Herzogs zurückgeht, ist immer einen Besuch wert. In einem Kavaliersbau ist die staatliche »Akademie Schloss Solitude« untergebracht, eine schwäbische Villa Massimo für Künstler aller Art.

Anschließend spazieren wir auf dem Weg, auf dem wir zum Schloss gegangen sind, zurück zur Waldallee, überqueren sie und gehen immer geradeaus weiter. Wir überqueren die vierspurige Straße auf einer Brücke und kommen zu der Wegspinne Kleiner Stern.

Hier biegen wir nach links in den Gräberweg ab, etwas später beschreibt dieser eine Rechtskurve. Wo wir auf den Stangenholzweg treffen, halten wir uns links auf den mit dem roten Hufeisen markierten Pfad.

Bald geht es abwärts und wir überqueren auf einer romantischen Holzbrücke den Bernhardsbach, der hier die Grenze bildet. Dahinter kommen wir ins Naturschutzgebiet Rot- und Schwarzwildpark und stoßen auf den Bernhardsbachweg, in den wir nach rechts einschwenken.

Gleich danach führt nach links ein Weg hoch zu einer Wiese, auf der einige alte Baum-Methusaleme stehen, wie sie im Rot- und Schwarzwildpark nicht selten vorzufinden sind. Zu ihnen sollten wir einen kurzen Abstecher machen.

Der Wald zwischen Leonberg und Stuttgart war seit Jahrhunderten ein bevorzugtes Jagdgebiet für die württembergischen Herrscher. Das axiale Wegesystem mit Großem und Kleinem Stern geht auf die damaligen Jagderfordernisse zurück und wurde 1724 geschlagen. Bis um 1760 hatte die Bevölkerung aus den umliegenden Ortschaften den Wald auch zur Waldweide für Rinder, Schweine und Ziegen genutzt. Da junge Triebe nicht mehr nachwachsen konnten, wandelte sich der Wald in eine Parklandschaft mit mächtigen Eichen und Buchen. Dies war genau nach dem Geschmack Herzog Carl Eugens, der hier bis 1788 immer wieder glanzvolle Schaujagden und Hoffeste abhielt. Der Wald galt nun als »vorzüglicher Plaisirforst«.

Auch König Friedrich liebte die Gegend, denn er war es, der 1815 die beiden Wildparke für Rot- und Schwarzwild anlegen ließ. Eine ganze Anzahl von klassizistischen Bauten, die über das ganze Gelände verteilt sind, erinnern an diese

Zeit. Von einem Bretterzaun umgeben, hatte die Bevölkerung nur zwischen April und September gegen ein kleines Entgelt auf ausgewiesenen Wegen Zutritt. Seit 1919 ist der Besuch des Waldes frei. Der Rotwildpark ist 1939 als eines der ersten Naturschutzgebiete Württembergs ausgewiesen und 1958 um den Schwarzwildpark erweitert worden.

Der Bereich des Rot- und Schwarzwildparks wurde 1922 nach Stuttgart eingemeindet, der größte Teil gehört heute zum Stadtbezirk Stuttgart-West. Die zur vierspurigen Schnellstraße ausgebaute Wildparkstraße trennt den Rotwildpark vom Schwarzwildpark.

Danach spazieren wir weiter am Bach entlang nach Süden und kommen bald an einer Schutzhütte vorbei. Danach stoßen wir auf einen kleinen Weiher, den ersten der Seen. Hier knickt die Grenze nach rechts ab; da es aber entlang ihres Verlaufs keine Wege gibt, bleiben wir auf der rechten Seite der Seen, die zum Schönsten gehören, was Stuttgart landschaftlich zu bieten hat. Nach einiger Zeit kommen wir zum Bärensee, auf der anderen Seeseite sehen wir das Bärenschlössle. Auf unserer Seite, rechts oben auf dem Hügel und von unten nicht zu sehen, steht ein kleines Lusthaus, der so genannte Hirschpavillon.

Die Parkseen wurden seit dem 16. Jahrhundert zur Wasserversorgung der Residenzstadt Stuttgart sowie der Nesenbachmühlen angelegt. Als erster war 1566 der **Pfaffensee** durch Aufstauen der Glems entstanden, 1618 kam der **Bärensee** hinzu. Der **Neue See** verband schließlich beide 1826 zu einer über drei Kilometer langen Seenkette. Besonders der Bärensee rückte unter Herzog Carl Eugen in den Mittelpunkt der höfischen Festkultur. So wurde eine eigens aus Venedig mitgebrachte Gondel am See für Lustpartien eingesetzt. Ein erstes **Bärenschlössle** wurde 1768 zum Aufenthalt der Hofgesellschaft errichtet und nicht weit davon ist noch heute eine künstliche Ruine für Schäferspiele von 1775 erhalten.

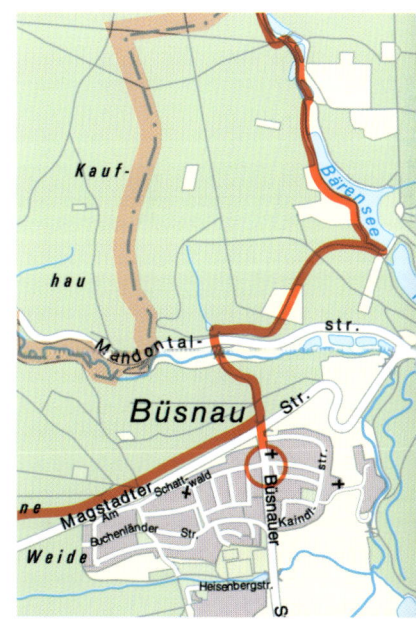

Als 1782 der russische Thronfolger Paul Petrowitsch mit seiner württembergischen Gemahlin Maria Feodorowna zu Besuch kam, veranstaltete man das mit 6000 zusammengetriebenen Tieren größte Jagdfest Württembergs. Das Wild wurde über die Terrassen vor dem Bärenschlössle in den See und auf der anderen Seite die Hirschwiese wieder hinaufgejagt, wo die Tiere von den Jagdgästen aus extra dafür errichteten Pavillons heraus bequem erlegt werden konnten.

Da das alte Bärenschlössle baufällig geworden war, hat man es 1817 durch ein von Freudental hierher übertragenes Jagdhaus ersetzt. Nach Kriegszerstörung und einem Brand wurde es 1997 originalgetreu wieder aufgebaut und als Gaststätte eingerichtet.

Kurz vor dem Ende des Bärensees stoßen wir auf den nach rechts abgehenden Wildwiesenweg, dem wir bergauf folgen. Auf der Höhe steht eine große Schutzhütte mit Grillgelegenheit. Links an ihr vorbei und kurz darauf entlang der Wildwiese geht es wieder bergab, hinab zur Straße, der ehemaligen Rennstrecke, und dem Bruderhaus.

Die **Solitude-Rennstrecke** war einst neben der Berliner Avus und dem Nürburgring die bekannteste Rennstrecke Deutschlands. Zwischen 1903 und 1965 wurden insgesamt 35 Rennen abgehalten. Als Motor-Fahrrad-Rennen fing es 1903 zwischen Westbahnhof und Schloss Solitude an. Als 1922 schließlich

Autorennen genehmigt wurden, kamen die Zuschauer alljährlich in Massen. Seit 1935 befuhren die Rennwagen den klassisch gewordenen »Solitude-Ring« zwischen Mahdental und Büsnau, der eine Länge von 11,4 Kilometer hatte. Nach dem Ausbau der Strecke in den fünfziger Jahren wurden sogar Formel-1-Rennen veranstaltet, zu denen mehr als 400 000 Besucher kamen. Wegen Sicherheitsbedenken und hohem finanziellen Aufwand wird das Solitude-Rennen seit 1966 nicht mehr veranstaltet. Start und Ziel befand sich beim Verkehrsübungsplatz des ADAC am Glemseck, wo die Boxen und das Zeitnehmerhaus von 1956 noch vorhanden sind.

Das **Bruderhaus** im Mahdental war ursprünglich die Niederlassung einer Bruderschaft von Terziaren, die dem Dritten Orden der Franziskaner angehörten. Sie lebten nach nicht ganz so strengen Regeln wie in einem Kloster. Das »Bruderhaus« ist 1556 erstmals genannt. Schon 1624 diente es einem Forstknecht der württembergischen Herzöge als Wohnung. Später, unter Herzog Carl Eugen, war in den Gebäuden ein kleines Gestüt untergebracht. Das eigentliche Bruderhaus wurde im Zweiten Weltkrieg zerstört.

Wir unterqueren die Straße zum Parkplatz Bruderhaus, dahinter steigen wir geradeaus auf dem Büsnauer Weg an. Nach kurzem Bergauf stehen wir wieder vor der Straße, auch sie war ein Teil der Rennstrecke. Dahinter liegt Büsnau.

Das Bärenschlössle liegt inmitten der »Stuttgarter Seenplatte«.

Die Siedlung **Büsnau** wurde 1932 ähnlich wie Steinhaldenfeld und Neuwirtshaus von einer Genossenschaft in Eigenleistung begonnen. Nach dem Zweiten Weltkrieg ist die Siedlung stark erweitert worden, vor allem zur Unterbringung von Vertriebenen aus Bessarabien. Der historische Ort des »Büsnauer Hofs« unterhalb der jetzigen Siedlung im Talgrund des Katzenbachs kann als Keimzelle des Stadtteils gelten. Der Hof war eine Staatsdomäne, die allerdings 1835 verkauft und 1837 abgebrochen wurde. Nur die Käserei des Hofes hatte überlebt, aber auch sie wurde in den fünfziger Jahren dem Ausbau der Büsnauer Straße geopfert. Das Gelände des Büsnauer Hofs lag an der Stelle der jetzigen Max-Planck-Institute.

Die Geschichte reicht aber noch viel weiter zurück. Im 12. Jahrhundert ist sogar ein Adelsgeschlecht derer von Büsnau erwähnt. Ein heute verschwundenes Steinhaus dürfte die Burg gewesen sein. Dietmar und Engelbold von Büsnau haben im frühen 12. Jahrhundert eine dem heiligen Ulrich geweihte Kapelle dem Kloster Hirsau übertragen. Offensichtlich waren sie Dienstmannen der Pfalzgrafen von Tübingen gewesen, da diese im Jahr 1295 die Siedlung zusammen mit der Ulrichskapelle an das Kloster Bebenhausen abgetreten haben. Seit 1478 war Büsnau württembergisch und Sitz eines Försters.

Wir unterqueren die Straße und gehen geradeaus, vorbei an der katholischen Kirche »Maria Königin

Bannwald beim Bärensee

des Friedens«, zur Bushaltestelle »Am Schattwald«.

Die katholische **Kirche »Maria Königin des Friedens«** ist nach Plänen des Regierungsbaumeisters Otto Müller entstanden und am 30. April 1955 vom Rottenburger Bischof Carl Joseph Leiprecht eingeweiht worden. Die Glocken kamen 1960 hinzu.

■ **Länge:**
Etwa 9 Kilometer.

■ **Zeit:**
Etwa 3 Stunden.

■ **Höhenmeter:**
Etwa 340 Meter.

■ **Sonstiges:**
Die Wanderung verläuft auf befestigten Waldwegen und Naturpfa-

den. Ab dem Schloss Solitude kann man mit dem Bus (Linie 92) zurück in die Stadt fahren.

■ **Charakter:**
Wanderung durch den Glemswald, am Schluss durch das Naturschutzgebiet Rot- und Schwarzwildpark mit der »Stuttgarter Seenplatte«. Sie, das Bärenschlössle und das Schloss Solitude sind nicht nur die Höhepunkte dieses Abschnitts, sondern auch »Highlights« unter den Stuttgarter Ausflugszielen.

■ **Grillmöglichkeit:**
Schloss Solitude, Hütte am Wildwiesenweg.

■ **Einkehrmöglichkeit:**
Gaststätte KSG-Restaurant auf der Schillerhöhe, Solitude, Bärenschlössle.

Etappe 8

Von Büsnau bis Rohr

- **Ausgangspunkt:**
Bushaltestelle Am Schattwald (Linien 81, 84, 92).

- **Endpunkt:**
S-Bahn-Station Rohr (S 1, S 2, S 3).

- **Wegverlauf:**
An der Haltestelle gehen wir in der Büsnauer Straße Richtung Norden auf den bereits sichtbaren Wald zu.

Rechts steht die 1955 errichtete katholische Kirche »Maria Königin des Friedens« mit einem frei stehenden Turm (siehe Seite 140).

Danach unterqueren wir an der Ampelanlage die Straße und biegen dahinter gleich nach links ab. Es geht nun auf einem Pfad parallel zur Magstadter Straße bis zu einem Parkplatz. Ab hier spazieren wir weiterhin parallel zur Straße links von der Schranke mit dem Wanderzeichen rotes Kreuz weiter. Bald stößt der Weg dort, wo wir auf der anderen Straßenseite die letzten Häuser sehen, beim Waldabteilungsschild »5/1 Büsnauer Ecke« auf die Straße, hier gehen wir auf einem nicht auf dem Stadtplan verzeichneten Weg nach rechts in den Wald. Beim nächsten Querweg

(Vorderer Schlauchgrabenweg) halten wir uns rechts, dann gleich wieder links (Vorderer Weg). Er bringt uns zum querenden »Grenzweg«, der wirklich genau auf der Stadtgrenze verläuft.

Wir gehen nach links zur Straße und dort angekommen nach rechts, bis es nach links zu einem Parkplatz abgeht. Nun verlassen wir die Stadtgrenze für einige Zeit. Links der Straße liegt übrigens der Steinbachsee.

Wie schon im 16. und 17. Jahrhundert, als die junge Glems durch die Anlage des Bärensees und des Pfaffensees nahezu vollständig in den Nesenbach nach Stuttgart umgeleitet wurde, hat König Friedrich I. von Württemberg 1812 den **Steinbachsee** zusammen mit dem **Katzenbachsee** zur Ergänzung der Wasserversorgung der Residenzstadt anlegen lassen. Die Seen sind durch einen offenen Kanal und ein Stollensystem mit den Parkseen und dem Wasserwerk Gallenklinge in Botnang verbunden.

Nach dem See folgen wir entweder der Beschilderung geradeaus zum Katzenbacher Hof oder wir dehnen die Wanderung in den äußersten westlichen Zipfel des Stuttgarter Stadtgebietes aus. Dann sollte man unmittelbar nach der Überquerung

Büsnau

teich

457

Letten-
löcher

Kleine   Magstadter   Schatt-wald

Am
Buchenländer   Str.

Drei-

Weide   Heisenbergst.

spitz

Katzenbach

Katzenbacher Hof

453

E s s l i n g e r

S p i t a l -

455

Montanastr.

w a l d

479

B e r n h a r t

Buchrain-
friedhof

Bernharts-
549
höhe

Pas...
Wald

B31

Gr.

522

D i e b s -

Wanne

k a r r e n

Autobahnkreuz
Stuttgart

häule

20   51

E 41

E 52

B a u r e n -

8

l a t z

525

D i e b s k a r r e n

J ä g e r p f a d

513

491

498

Hinterlinger

des Steinbachs, der hier die Stadtgrenze bildet, am zweiten Parkplatz rechts gehen. An der Wegegabelung halten wir uns ebenfalls rechts und gehen auf diesem Weg immer geradeaus. Nach einigen hundert Metern befindet sich rechts des Weges ein Stein mit einem Bronzemedaillon, in dem eine Jagdszene dargestellt und das mit der Aufschrift »St. Hubertus sei Dank« versehen ist.

Hinter diesem Stein befindet sich ein privater Bestattungsplatz für drei Jagdhunde, deren Gräber durch kleine Steine angezeigt sind.

Den am Hubertusstein abgehenden Weg lassen wir rechts liegen und gehen auf unserem Hauptweg weiter in Richtung Westen etwas bergauf. Rechts unten sehen wir in die Senke des Steinbachs, der hier immer noch die Stadtgrenze bildet. Bald schwenkt unser mit Splitt bestreuter Weg nach links ab und führt uns zu einer Wegekreuzung. Hier gehen wir geradeaus in den einfacheren Waldweg hinein und sanft abwärts. Dieser Weg verläuft direkt parallel zur Grenze und immer wieder kann man rechts im Unterholz, nur etwa fünf Meter vom Weg entfernt, zum Teil sehr alte Grenzsteine entdecken.

Nach wenigen hundert Metern mündet von rechts ein asphaltierter Weg ein, der sich nach links geschottert fortsetzt. Diesen nun mit einem blauen Punkt bezeichneten und »Haus-Allee« genannten Weg gehen wir immer geradeaus weiter bis zum Katzenbacher Hof.

Der Katzenbacher Hof ist ein beliebtes Ausflugsziel.

Unmittelbar am Katzenbacher Hof wenden wir uns vor dem Zaun nach rechts und folgen dem Wiesenweg.

Der **Katzenbacher Hof** wurde kurz vor 1900 mitten im Wald auf einer Rodungsinsel als Forsthaus für den Esslinger Revierförster erbaut. Lange vorher war dieser Wohnplatz Sitz eines Waldschützen und war Meierhof mit eigener Markung. Der Waldschütz beziehungsweise Förster war verantwortlich für den Esslinger Spitalwald, der Ende des 13. Jahrhunderts von den Herren von Bernhausen in den Besitz des Katharinenhospitals in Esslingen gekommen ist. Noch heute gehört der Wald der Stadt Esslingen. In seltener Geschlossenheit sind neben dem eigentlichen Wohnhaus auch noch das Backhaus,

das Waschhaus und die Stallscheuer erhalten. Der Katzenbacher Hof war von Anfang an ein beliebtes Ausflugsziel, da im Forsthaus auch Getränke und ein Vesper angeboten wurden. Noch immer zieht die idyllische Gartenwirtschaft besonders in der warmen Jahreszeit viele Ausflügler an. Der Name »Katzenbach« geht tatsächlich auf das Tier als Ursprung zurück, der Grund dafür ist jedoch nicht bekannt.

Wir wandern am umzäunten Kinderspielplatz entlang auf dem Wiesenweg sanft abwärts. Den ersten mit Splitt bestreuten Querweg überqueren wir und steigen danach steil hinauf, wo wir bald einen zweiten querenden Weg erreichen. Unser Weg führt halb rechts weiter bis zu einer Wegegabelung. Bevor un-

Wegweiser zur Bernhartshöhe

ser Weg nach links umknickt, gehen wir an der Gabelung den rechts abgehenden Weg, den so genannten »Schießbahnweg«, hinauf.

Nach wenigen Schritten sehen wir rechts ein Schild, das uns anzeigt, dass wir jetzt in einen Bannwald kommen.

Auf der Tafel heißt es: »Dieser Wald soll sich ungestört zum Urwald von morgen entwickeln. Er dient außerdem als wissenschaftliche Beobachtungsfläche für die Urwaldforschung.

Beachten Sie, im Bannwald ist die Gefahr durch herabfallende Äste und umstürzende Bäume besonders groß. Bitte nehmen Sie keine Pflanzen, sammeln Sie keine Früchte und bleiben Sie auf den Wegen. Landesforstverwaltung Baden-Württemberg«.

Bald steht vor uns an einer Wegegabelung ein grünes Schild, das ebenfalls auf den Bannwald »Mietholz« hinweist.

Hier soll der Staatswald-Distrikt »Mietholz« mit einer Fläche von 60 Hektar als Bannwald ausgewiesen werden. In diesem Totalreservat unterbleibt jegliche forstliche Nutzung, man überlässt den Wald vollkommen sich selbst. Links an unserem Hauptweg sieht man an einem Baum den Hinweis auf die Wegbezeichnung »Schießbahnweg«.

Etwa 100 Meter davor ist an einem Baum eine kleine Tafel angebracht, die das Waldstück als Staatswald »Schießbahn« ausweist. Nur etwa fünf Meter links davon, ein wenig vom Weg abgerückt, steht ein Grenzstein, der durch seine Kerbe anzeigt, dass die Grenze

Im Rohrer Wald gibt es viele einsame Wanderwege.

hier in einem rechten Winkel umknickt.

Unser »Schießbahnweg« führt uns nach zwei Kurven hinauf zur Schießanlage »Bernet«, wo wir am Zaun entlang geradeaus gehen, bis wir hinter der Schranke die asphaltierte Zufahrtsstraße zur Schießbahn erreichen, auf der wir links weitergehen.

Die **Schießanlage Bernet** ist in Zusammenhang mit der 1936 bis 1938 in Vaihingen entstandenen Kurmärker Kaserne angelegt worden. Die Kurmärker Kaserne wurde nach dem Zweiten Weltkrieg von den Amerikanern übernommen und in Patch-Barracks umbenannt. Heute befindet sich dort das Hauptquar-

tier der US-Streitkräfte in Europa (»EUCOM«).

Wenig später werden wir an einer Schranke mit dem folgenden Schild nach links verwiesen: »Zur Bernhartshöhe Höchste Erhebung Stuttgarts 549 m ü. NN«. Diesen höchsten Punkt der Stadt könnten wir nun »besteigen«.

Die **Bernhartshöhe** wurde 1972 so benannt. Sie wurde mit Erdaushub aus Stuttgart künstlich aufgeschüttet und ist nun der höchste Berg der Stadt. Vaihingen gelangte zusammen mit Möhringen am Ende des 13. Jahrhunderts in den Besitz des Esslinger Katharinenspitals. Nach über 500 Jahren kam es schließlich von der Reichsstadt an Württemberg. 1942 wurden beide Filderorte zu Stuttgart eingemeindet.

Danach gehen wir auf dem Sträßchen weiter bis zu den ersten Häusern, wo wir auf der Pascalstraße nach rechts die Autobahn A 831 überqueren. Nach der Brücke geht nach links die Gründgensstraße ab; wir gehen links der Pascalstraße in Gehrichtung weiter und nehmen die in den Wald hineinziehende Pascalstraße (Wanderzeichen rotes Kreuz).

In den blockhaften Baukörpern Pascalstraße 100 in unmittelbarer Nähe zum Autobahnkreuz Stuttgart ist die Hauptverwaltung der **IBM Deutschland** untergebracht. Der Architekt Egon Eiermann hat das Viertel entworfen und 1967 bis 1972 verwirklicht. Die Gesamtanlage ist ein typisches Beispiel für ein

Verwaltungszentrum in der Architektursprache der sechziger Jahre.

Gleich darauf nehmen wir den an der scharfen Rechtskurve nach links abgehenden Wanderweg. Die Anlage links ist die »Diensthundeführerschule« der Stadt Stuttgart.

Gegenüber dem Eingang der Anlage steht am rechten Wegrand ein Gedenkstein. Der **Erhardtstein** erinnert an den Böblinger Fuhrmann Gottlieb Friedrich Erhardt, der am 15. August 1868 hier unter das Rad seines Wagens geriet und tödlich verletzt wurde. Die Inschrift ist quasi ein Memento Mori für die Leser, denn es heißt da: »O Fuhrleut denkt an diesem Stein, wie schnell ihr könnt des Todes sein.«

Wir gehen an der Anlage geradeaus weiter, bis zwischen den beiden Waldabteilungsschildern »28/1 Wannenhäule« und »28/2 Hutteneiche« ein Weg nach links bergab führt.

Das Gewann **»Hutteneiche«** erinnert an eine historische Begebenheit, die sich hier am 7. Mai 1515 abgespielt hat. Herzog Ulrich von Württemberg hatte ein Auge auf die Frau seines liebsten Freundes Hans von Hutten geworfen. Hutten plauderte gegenüber Dritten die Sache aus und stellte den Herzog bloß. Auf einem Ausritt zur Jagd im Böblinger Wald schickte Herzog Ulrich die Jagdgäste und seine Dienerschaft voraus, um mit Hutten allein zu sein. Blind vor Wut überwältigte Ulrich den fast wehrlosen Hutten und tötete ihn mit sieben Schwert-

Gedenkstein für einen verunglückten Böblinger Fuhrmann

hieben. Dem Toten schlang er einen Gürtel um den Hals und befestigte diesen an einem Schwert, das er neben dem Kopf Huttens in die Erde stieß. Wenig später fand die Jagdgesellschaft den Ermordeten neben einer Eiche. Das Ereignis erregte damals weit über Württemberg hinaus große Aufmerksamkeit. Herzog Ulrich wurde ein Jahr später wegen dieses Verbrechens von Kaiser Maximilian I. geächtet.

Ein Stück weiter stoßen wir auf die Panzerstraße.

Die **Panzerstraße** verbindet die ehemalige Kurmärker Kaserne in Vaihingen mit der Panzerkaserne in Böblingen. Sie führt auf einer Strecke von etwa 6,5 Kilometern durch den Wald. Sie ist gepflastert und wurde gleichzeitig mit der Kaserne in den Jahren 1936 bis 1938 angelegt.

Wir halten uns rechts und gehen nun wieder bergan. Auf der Höhe stoßen wir auf den Wasserbehälter der Bodenseewasserversorgung; hier am südlichen Rand von Rohr ist der mit einer Höhe von 523 Metern über dem Meer höchste natürliche Punkt Stuttgarts – dies war Stuttgarts höchste Stelle, bevor die Bernhartshöhe aufgeschüttet wurde.

Der Wasserbehälter **»Rohrer Höhe«** wurde Ende der fünfziger Jahre des 20. Jahrhunderts von der damaligen TWS (Technische Werke Stuttgart) AG für die Bodenseewasserversorgung erbaut und seither in mehreren Stufen erweitert. Er besitzt ein Fassungsvermögen von 100 000 Kubikmeter.

Am Ende der Panzerstraße vor der Autobahn gehen wir links. Die Stadtgrenze liegt hier direkt jenseits, also südlich der Autobahn. Gleich treffen wir auf die Musberger Straße, wo wir den rechts abgehenden Brentenhau Weg nehmen. Ihm folgen wir am Waldrand entlang, rechts von uns verläuft die Autobahn.

An dem von links zwischen den Gewannen »Brentenhau« und »Rohrer Eck« einmündenden Weg sieht man rechts bei den Bänken einen kleinen **Gedenkstein** für Klaus Offenhäuser, der 1991 in einer später beim Autobahnausbau beseitigten Schutzhütte im Alter von 30 Jahren

vom Blitz erschlagen wurde. Das Erinnerungsmal steht in der Tradition von vielen anderen Denksteinen, denen wir auf unserer Wanderung begegnen. Das größte derartige Monument steht südlich der Magstadter Straße beim Schattengrund und erinnert an den plötzlichen Tod des erst 13 Jahre alten Veit Demmler am 10. Juni 1621. Sein Vater, ein wohlhabender Tuchmacher aus Calw, hat seinem Sohn dieses Denkmal gestiftet.

Wo wir rechts eine Brücke sehen, die über die Autobahn führt, gehen wir auf dem etwas nach rechts versetzten und mit zwei größeren Steinen bezeichneten Weg geradeaus weiter. Nach etwa 200 Metern erreichen wir einen wieder breiteren Splittweg, an dem wir uns rechts halten. Er bringt uns zur Autobahn und zieht dann in einem weiten Bogen nach links. Nach einem Häuschen treffen wir auf die nach Oberaichen führende Straße (Schönbuchstraße), der wir nach links hinab Richtung Rohr folgen.

Mit dem Bau der **Autobahn Stuttgart–Ulm** wurde 1934 begonnen. Am 21. März fand zwischen Plieningen und Bernhausen der erste Spatenstich statt. Zeitweise waren bis zu 6000 Arbeiter auf der Baustelle beschäftigt, von denen 2000 in Wohnbaracken untergebracht waren. Stolz wurde damals von der Propaganda berichtet, dass es infolge der Baumaßnahmen in Möhringen keine Arbeitslosen mehr gebe. Ein erstes Teilstück der Autobahn wurde am 19. April 1936 zwischen Plieningen und Denkendorf eröffnet. Die gesamte Strecke zwischen der Anschlussstelle Stuttgart-Süd bei Degerloch und Ulm konnte nach dreieinhalbjähriger Bauzeit am 30. Oktober 1937 dem Verkehr übergeben werden, am 17. Dezember folgte die Verlängerung bis Vaihingen. Bereits am 3. Oktober 1937 hatte die Deutsche Reichsbahn auf der noch nicht eröffneten Autobahn einen Busverkehr mit »Schnellreisewagen« eingerichtet, der die 94 Kilometer lange Strecke von Stuttgart nach Ulm in zwei Stunden und sieben Minuten bewältigte. Ein Jahr später, im November 1938, war schließlich auch der Abschnitt bis Pforzheim befahrbar. Von der alten Trasse ist seit dem Ausbau auf sechs und mehr Fahrspuren nichts mehr zu sehen.

Wir gehen bis zur Osterbronnstraße, hier halten wir uns rechts zur bereits sichtbaren S-Bahn-Station »Rohr«.

Die Keimzelle von **Rohr** ist eine wohl um die Mitte des 13. Jahrhunderts von den Herren von Rohr erbaute Wasserburg. Nach nur wenigen Jahrzehnten wurde die wohl aus einem massiven Turm bestehende **Rohrer Burg** bereits 1312 im Reichskrieg wieder zerstört. Oberhalb des Feuersees ist in einer Grünanlage noch der alte Burgplatz mit der Turminsel erhalten. 1952 fand man bei Ausgrabungen Teile der Zugbrücke mit mächtigen Eichenbalken.

Die benachbarte **Laurentiuskirche** besitzt noch einen Chorturm von 1740 mit dem Epitaph des Stuttgarter Handelsmannes Martin Sandberger von 1594. Das 1926 von Martin Elsässer erbaute Kirchenschiff wurde 1980 durch einen Neubau der Architekten Zinsmeister und Scheffler ersetzt. Rohr war erst seit 1891 eine selbständige Pfarrei.

Der Name »Rohr« leitet sich vom Schilfrohr ab und beschreibt die Vegetation in der feuchten Niederung um die einstige Burg. Der Ort wurde um 1400 württembergisch. 1936 wurde er nach Vaihingen und sechs Jahre später mit diesem nach Stuttgart eingemeindet.

- ■ **Länge:**
  Etwa 14 Kilometer.

- ■ **Zeit:**
  Etwa 3 bis 4 Stunden.

- ■ **Höhenmeter:**
  Etwa 150 Meter.

- ■ **Sonstiges:**
  Die Tour verläuft auf Naturpfaden, festen Waldwegen und asphaltierten Sträßchen.

- ■ **Charakter:**
  Wir wandern vorwiegend im Wald. Unterwegs kommen wir an Stuttgarts höchstem Punkt vorbei.

- ■ **Einkehrmöglichkeit:**
  Katzenbacher Hof, Am Wildwechsel, Kanonenbäck, Café Gailer.

Etappe 9

Von Rohr
bis Plieningen

■ **Ausgangspunkt:**
S-Bahn-Station Rohr (S 1, S 2, S 3).

■ **Endpunkt:**
Stadtbahn-Endhaltestelle Plieningen (U 3).

■ **Wegverlauf:**
Wenn wir in Rohr an der S-Bahn-Station den südlichen Abgang hinabgehen, spazieren wir auf der Hutzlenstraße erst entlang der Gleise nach Süden bis zur rechts abgehenden Hessenwiesenstraße. Sie bringt uns, vorbei am alten Rohrer

Friedhof, zur Schönbuchstraße, der wir nach links noch etwas hinauffolgen. Vor der Brücke über die Autobahn nehmen wir den nach links abgehenden Weg, markiert mit dem roten Punkt. Er führt uns erst ein Stück an der Autobahn entlang und knickt dann nach links in die Dürrlewangallee ab.

Der **»Dürrlewang«** genannte Wald ist erstmals 1306 erwähnt. Der Flurname bedeutet so viel wie »dürre oder dornige Wiese«. Ein seit den fünfziger Jahren des 20. Jahrhunderts am Waldrand zwischen Steinbach und Schwarzbach entstandenes Wohngebiet wurde nach der Flur benannt.

Wir überqueren die S-Bahn-Gleise und halten uns dahinter rechts. Gleich darauf nehmen wir den nach rechts entlang der Gleise abgehenden Reitweg. Dieser bringt uns auf einen Querweg (Kesslerweg), dem wir nach rechts folgen. Er knickt gleich darauf nach links ab, nun geht es geradeaus weiter. Am Waldrand überqueren wir einen asphaltierten Weg und gehen auf einem Pfad um wenige Meter nach links versetzt weiter geradeaus. Auf einem Wiesenweg spazieren wir entlang eines Bächleins bis zur Nord-Süd-Straße, die wir unterqueren, dahinter halten wir uns links. Hier steht links ein Gedenkstein.

Der **Gedenkstein** erinnert an den am 17. Februar 1922 an dieser Stelle tödlich verunglückten Fuhrmann Gottlob Ruckaberle aus Dettenhausen mit folgendem Vers: »Ich wandere meine Straßen, die zu der Heimat führt, da mich ohn alle Maßen mein Vater trösten wird.« Bis zum Zweiten Weltkrieg gab es einen regen Fuhrverkehr zwischen den umliegenden Orten und den Stuttgarter Märkten sowie den Botenlokalen an der Hauptstätter Straße. Die Tiergespanne wurden erst in den zwanziger und dreißiger Jahren zunehmend durch Lastkraftwagen ersetzt.

Nach dem Gedenkstein überqueren wir nach rechts die Stadtbahn-Gleise Richtung Leinfelden, halten uns kurz rechts, dann nach links. Wo der befestigte Weg kurz darauf aufhört, gehen wir den Querweg nach rechts zu der Brücke und zu den dahinter liegenden Häusern; hier biegen wir nach links ab.

Bevor rechts zwischen den Häusern Garagen stehen, werden wir durch einen schwarzen Pfeil an einem Laternenpfahl in einen Weg nach rechts verwiesen. Wir überqueren die Kurt-Schumacher-Straße und gehen in den Giescheweg geradeaus hinein. Am querenden Ehrlichweg nehmen wir den etwas nach links versetzten Fußweg zwischen dem Sportplatz einer Schule und den Garagen. Der Weg knickt gleich darauf nach links ab.

Wir spazieren nun auf dem Janusz-Korczak-Weg, unterqueren die Fasanenhofstraße und sehen links die evangelische Bonhoefferkirche, die 1965 bis 1967 von den Architekten Holstein und Fowein erbaut wurde.

Kurze Zeit danach stoßen wir auf die Kirche Sankt Ulrich. Auf dem Platz an der Kirche befinden sich einige Kunstwerke und ein Wasserbecken.

Die Architektengemeinschaft Brümmendorf, Müller und Reichmann schufen zwischen 1963 und 1966 die katholische **Kirche Sankt Ulrich**. Bemerkenswert sind die Glaswände der Künstler Lothar Quinte und Markus Prachensky. Vor der Ulrichskirche steht ein wasserspeiender Triton, die erste Auftragsarbeit des berühmten Remstäler Bildhauers Karl-Ulrich Nuss.

Die zwei Kapitele und das große Relief mit Darstellungen der griechischen Sagengestalten Pegasus, Orpheus, Herakles und Sphinx stammen vom **Altbau der Württembergischen Landesbibliothek**, der sich einst an der Konrad-Adenauer-Straße befunden hat. Der repräsentative Bau wurde 1877 bis 1883 nach Plänen von Theodor Landauer errichtet. Der Bildhauer Adolf Donndorf schuf die figürlichen Reliefs am Mitteltrakt. Im September 1944 brannte die Landesbibliothek mitsamt 450 000 Büchern, 10 000 Karten und der ganzen Autographensammlung völlig aus. Später in Teilen wiederhergestellt, musste der Altbau nach der Eröffnung der neuen

Landesbibliothek 1970 einem Tiefgaragenprojekt weichen. Dem Verschönerungsverein der Stadt Stuttgart ist es zu verdanken, dass wenigstens die Reliefs und zwei Kapitelle gerettet und hier aufgestellt werden konnten.

Wir folgen nun dem Janusz-Korczak-Weg, unter der Unterführung hindurch und immer geradeaus, bis es nicht mehr weitergeht; hier biegen wir nach links in die Fasanenhofstraße ein.

Der **Fasanenhof** geht auf eine »Fasanerie« zurück, die Herzog Eberhard Ludwig von Württemberg 1730 gegründet hat. 1783 ließ Herzog Carl Eugen daneben ein kleines Lustschloss erbauen und einen Park anlegen, wo sich die Hofgesellschaft gerne aufhielt. Nach einem Flora-Tempel hieß das Anwesen auch »Floride«. 1799 kam das Gut »Fasanenhof« in Privatbesitz und ab 1854 gehörte es der württembergischen Hofkammer. Von der alten Herrlichkeit ist nichts geblieben.

Der jetzige Stadtteil ist ab 1960 entstanden. Bemerkenswert ist das Hochhaus »Salute« im Sautterweg 5, das 1961 bis 1963 von dem Architekten Hans Scharoun erbaut wurde und 139 Eigentumswohnungen enthält.

Gleich darauf biegen wir nach rechts in die Heigelinstraße ein, überqueren die Bundesstraße 27 und halten uns dahinter nach rechts in die Schelmenwasenstraße.

Den Begriff »**Schelmenwasen**« gibt es in zahlreichen Orten. Es weist

Blick über die Filderebene auf den Fasanenhof

auf eine Wiese hin, auf der verendete Tiere und ehrlose Personen, zumeist Hingerichtete, verscharrt wurden. Die Schelmenwasenstraße bekam 1974 diesen Namen, als das Büro- und Industriegebiet in Planung war.

Am Ende dieser Straße gehen wir unter den Starkstromleitungen wenige Meter zu einem mit Betonplatten belegten Querweg, auf dem wir uns links halten. Nun gehen wir ein Stück am Rand des Waldgewanns »Hattenbach« entlang, mit prächtiger Sicht auf die Schwäbische Alb, die sich uns hier bei gutem Wetter als die von Eduard Mörike so bezeichnete und oft zitierte »Blaue Mauer« zeigt.

Bald führt uns der »Hattenbachweg« nach links zwischen Eichen hindurch in den als Naturschutzgebiet ausgewiesenen Zettachwald. Unsere Route verläuft jetzt eine Zeit lang nicht auf der Stadtgrenze. Der exakte Grenzverlauf liegt in diesem Abschnitt jenseits der Autobahn A 8 und führt südlich von Plieningen quer über die Rollbahn des Landesflughafens. Eine Wanderstrecke dort entlang ist zum einen wenig attraktiv und zum anderen schlichtweg nicht möglich.

Vor einer Fichtenschonung wendet sich der Weg nun nach rechts, so dass diese links von uns liegen bleibt. Auch die bald sichtbare Abzweigung über ein Brückchen lassen wir links liegen. Auf unserem geradeaus führenden Weg erreichen wir bald eine Schranke, hinter der wir schließlich den Wald verlassen und durch eine idyllische Wiesen- und Auenlandschaft mit einem mäandernden Bächlein an den Ortsrand von Plieningen gelangen. Dort stoßen wir auf die Fraubronnstraße.

Bald treffen wir auf die Filderhauptstraße. Hier befindet sich auch eine Bushaltestelle (Linien 70, 73, 74, 75, 76). Wir halten uns links und gehen auf der Filderhauptstraße, zwei Bäche auf Brücken überquerend, bis zur Garbe, wo sich links die Endstation der Stadtbahnlinie U 3 befindet.

Das Wirtshaus **»Garbe«** erinnert mit seinem Namen wohl eher nicht an die Getreidegarben, sondern an den kaiserlichen Oberproviantkommissär Immanuel von Garb, der 1676 vom Esslinger Katharinenspital das Gut Hohenheim käuflich erworben hat. Nach dem Tod von Garbs letzter Enkelin zog Herzog Carl Eugen Hohenheim als erledigtes Lehen ein. Das heutige Wirtshaus wurde 1786 an der Einmündung der Hohenheimer Schlossstraße in die Landstraße nach Plieningen erbaut. Das barocke Wirtshausschild zeugt vom Stolz des ersten Gastwirts. Daneben hat sich noch das Back- und das Waschhaus erhalten.

Wer möchte, kann nach rechts durch die Garbenstraße zur Universität Hohenheim gehen. Sie besitzt einen schönen Park mit exotischen alten Bäumen; außerdem kann man das Deutsche Landwirtschaftsmuseum besuchen.

- ■ **Länge:**
  Etwa 13 ½ Kilometer.

- ■ **Zeit:**
  Etwa 3 bis 4 Stunden.

- ■ **Höhenmeter:**
  Etwa 200 Meter.

- ■ **Sonstiges:**
  Die Tour verläuft meist auf befestigten Wegen, nur kurze Strecken auf Naturwegen.

- ■ **Charakter:**
  Dieses Teilstück führt anfangs durch Wald, dann über die Filderebene, die uns teilweise einen Blick zur Schwäbischen Alb ermöglicht, und am Schluss durch ein idyllisches Bachtal.

- ■ **Einkehrmöglichkeiten:**
  Kanonenbäck, Wirtschaft zur Garbe.

Etappe 10

Von Plieningen bis Heumaden

- **Ausgangspunkt:**
Stadtbahn-Endstation Plieningen (U 3).

- **Endpunkt:**
Stadtbahnstation Heumaden (U 7, U 8).

- **Wegverlauf:**
Wir gehen an der Haltestelle »Plieningen« kurz nach Osten, überqueren die Filderhauptstraße und biegen vor dem Exotischen Garten rechts in die Paracelsusstraße ein.

Der in fränkischer Zeit von Plieningen aus angelegte Ort **Hohenheim** brachte im 12. Jahrhundert ein eigenes Adelsgeschlecht hervor, dessen bedeutendster Vertreter der berühmte Arzt und Philosoph Paracelsus von Hohenheim war. Ihre Burg lag etwa an der Stelle des heutigen Schlossmittelbaus. 1432 gelangten der Ort und die Burg an das Esslinger Katharinenspital, das beides 1676 an Immanuel von Garb verkaufte. Garb brach die im 16. Jahrhundert ausgebrannte Burg ab und errichtete ein kleines Schlösschen. Seit 1768 war Hohenheim im Besitz von Herzog Carl Eugen.

Mit einer Gesamtbreite von 570 Metern gehört **Schloss Hohenheim** zu den größten deutschen Schlossanlagen. Herzog Carl Eugen hat 1771 das Hofgut seiner damaligen Geliebten, der italienischen Sängerin Bonafini, auf Lebenszeit übertragen. Da jedoch nur wenig später eine andere Frau in sein Leben getreten ist, widerrief er die erste Schenkung und übergab im Januar 1772 Hohenheim an seine spätere Gemahlin Franziska. Wenig später wurde sie auf Wunsch des Herzogs vom Kaiser zur »Reichsgräfin von Hohenheim« erhoben. Bis 1776 ließ der Herzog um das alte Garb'sche Schlösschen in strenger Regelmäßigkeit zwei Hofanlagen errichten, die teilweise äußerst geschmackvoll ausgestattet wurden. Der noch im Originalzustand erhaltene Speisemeistereiflügel diente Herzog Carl Eugen als Wohnung und dort in der Mansarde ist er 1793 auch gestorben. Franziska logierte im Erdgeschoss, wo die stuckierten Räume heute von einem Nobel-Restaurant genutzt werden.

Das eigentliche Hauptgebäude des Schlosses wurde nach dem Ab-

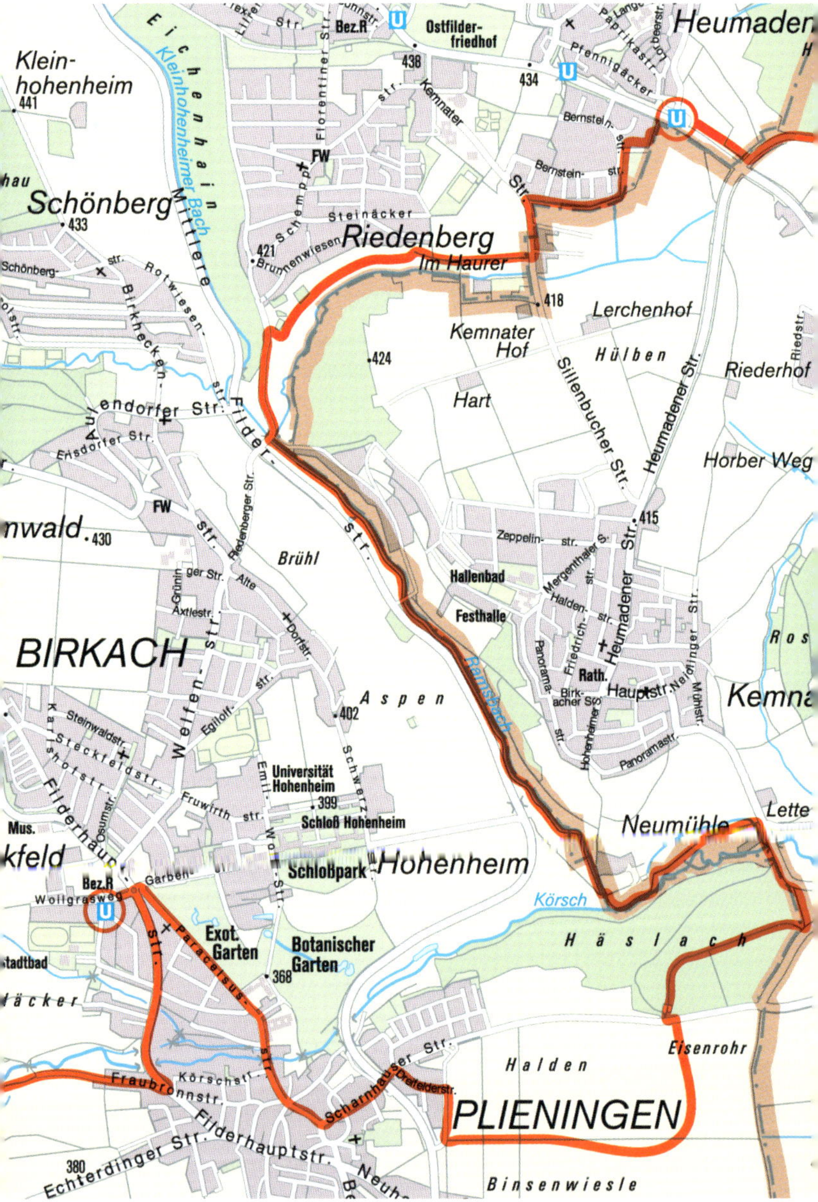

Heumaden

Ostfilder-
friedhof

Klein-
hohenheim
·441

Schönberg
·433

Riedenberg

Im Haurer

Lerchenhof

Riederhof

Kemnater
Hof
·424

Hülben

Hart

Horber Weg

·418

·415

BIRKACH
·430

Brühl

Hallenbad

Festhalle

Rath.

Kemna

·402

Aspen

Universität
Hohenheim
·399

Neumühle

Lette

Schloß Hohenheim

Schloßpark **Hohenheim**

Körsch

Häslach

Mus.

Exot.
Garten

Botanischer
Garten
·368

kfeld

Bez.R

Wollgraswег

stadtbad

Eisenrohr

äcker

Halden

PLIENINGEN

·380

Binsenwiesle

Herbstliche Stimmung im Park vor dem Hohenheimer Schloss, das jedoch nicht unmittelbar auf unserem Weg liegt.

bruch des alten Schlösschens 1785 begonnen und erst nach dem Tod des Herzogs unter seinen Nachfolgern vollendet. Seit 1818 beherbergt die großflächige Anlage eine landwirtschaftliche Lehranstalt, die zu Beginn des 20. Jahrhunderts zur Landwirtschaftlichen Hochschule und 1967 zur Universität Hohenheim erhoben wurde.

Die während der letzten Jahrzehnte durchgeführten Restaurierungsmaßnahmen gaben den Innenräumen den alten Glanz zurück. Besonders der Stuck und die Farbigkeit wurden wiederhergestellt. In den Paraderäumen des Mittelbaus ist die Universitätsverwaltung und in den östlich daran anschließenden herzoglichen Wohnräumen ein Teil

der Universitätsbibliothek untergebracht.

Eine große Besonderheit ist der sich zwischen »Garbe« und Schloss in Richtung Plieningen hinziehende **Exotische Garten**. Auf einer Reise nach England dazu angeregt, ließ Herzog Carl Eugen zusammen mit seiner geliebten Franziska einen phantasievollen Park anlegen, das so genannte »Englische Dörfle«. Eine Vielzahl kleinerer Bauten und Ruinen sollten heiteres Landleben auf den Trümmern einer verfallenen römischen Stadt vortäuschen. Der Herzog und Franziska beteiligten sich eigenhändig an der Ausgestaltung der Gebäude. Im ehemaligen Spielhaus ist ein Museum eingerichtet, in dem ein Modell der Parkanlage zu sehen ist. Daneben sind nur noch die »Säulen des donnernden Jupiter« und das »Wirtshaus zur Stadt Rom« original erhalten.

Die Paracelsusstraße – man kann auch parallel zu ihr innerhalb des Exotischen Gartens gehen – bringt uns, vorbei an der Katholischen Akademie und dem Paracelsus-Gymnasium zur Oberen Mühle, wo wir die Körsch überqueren. Bald kommen wir zu einer Kreuzung. Wir nehmen die halb links abgehende Goezstraße, die uns zur Turnierstraße und hier links ins historische Dorfzentrum Plieningens führt.

Das Dorf **Plieningen** wird im 12. Jahrhundert erstmals genannt. Es war nacheinander im Besitz der Grafen von Calw, der Welfenherzöge und der Pfalzgrafen von Tübingen. Der sich nach Plieningen nennende Ortsadel wanderte 1480 auf die Burg Schaubeck ab und starb 1642 im Mannesstamm aus. Bis um 1880 war Plieningen der bevölkerungsreichste Ort auf den Fildern, 1942 kam es zu Stuttgart.

Das **Alte Rathaus** wurde 1748 bis 1751 erbaut. Seit dem Umzug der Verwaltung ins 1973 fertig gestellte neue Bezirksrathaus bei der »Garbe« dient es als Heimatmuseum.

Eine der interessantesten Kirchen des Stuttgarter Stadtgebietes ist die **Martinskirche**. Ihre Anfänge liegen sehr früh in der Geschichte. Wahrscheinlich geht der Platz sogar auf eine heidnische Kultstätte zu-

rück. Ein erster Steinbau dürfte um 1075 entstanden sein. Höchst eindrucksvoll ist die Wandgliederung des romanischen Langhauses, deren Halbsäulchen auf Tier- und Menschenköpfen abgestützt sind. Der Reliefbilderfries am Dachgesims zeigt figürliche Szenen mit teils christlichem, teils mythologischem Inhalt. Der Chor wurde um 1500 vom Abt von Bebenhausen zusammen mit dem Turm in gotischen Formen errichtet. Der etwas überdimensionierte Helm stammt von 1756.

Wir gehen links an der Martinskirche und am Friedhof vorbei. Beim Parkplatz wenden wir uns links und erreichen durch die kurze Leypoldtstraße die Scharnhauser Straße. Gleich hinter der Brücke über die Mittlere Filderstraße biegen wir rechts in die Dreifelderstraße ein, wo wir nach einem Rechtsknick bald zu einem Bauernhof kommen. Hinter ihm gehen wir links. Nun muss man aufpassen: Wenn wir nach dem Bauernhof die erste Querstraße als »Nummer 1« zählen, müssen wir beim sechsten Querweg nach links abbiegen. Auf ihm spazieren wir auf das Wäldchen zu. Beim Überqueren der Scharnhauser Straße bitte größte Vorsicht walten lassen, da weit und breit kein gesicherter Übergang vorhanden ist. Einige Meter weit nach links versetzt erreichen wir einen Parkplatz.

Der **Häslachwald** wurde 1991 als Naturschutzgebiet ausgewiesen,

*Blick über die Filderebene hinweg zur »Blauen Mauer«
der Schwäbischen Alb*

in das auch das Körschtal zwischen Plieningen und der bereits auf Kemnater Markung liegenden Neumühle einbezogen ist. Der Name »Häslach« geht auf den Haselnussstrauch zurück.

Dort gehen wir hinter der rechten Schranke in den Häslachwald hinein, der mit »Scharnhäuser Weg« bezeichnete Waldweg biegt bald nach rechts ab und bringt uns nach dem Wald zur Landstraße, die in einem großen Bogen nach links hinab ins Körschtal führt. Wir können aber direkt am Waldrand entlang absteigen, gehen bis zur Neumühle und biegen gleich hinter ihr nach links ab ins Körschtal.

Die **Körsch** entspringt zwischen dem Autobahnkreuz Stuttgart und dem Stadtteil Rohr in mehreren Quellbächen. Über Möhringen und Plieningen fließt sie über 25 Kilometer talwärts, bis sie bei Deizisau in den Neckar mündet. Bis in die Mitte des 19. Jahrhunderts konnte man in der Körsch Fische und Krebse fangen, was allerdings durch die zunehmende Abwasserbelastung bald nicht mehr möglich war. Seit 1958 arbeitet am Einfluss des von Degerloch herunterkommenden Ramsbachs das Klärwerk Plieningen, dessen Abwässer den natürlichen Abfluss der Körsch um ein Vielfaches übersteigen können. Die Wasserkraft des Flüsschens reichte aus, um in seinem oberen Abschnitt seit dem Mittelalter fünf Mühlen zu betreiben. Drei davon sind noch heute erhalten.

Blick über das Körschtal und die Neumühle auf Kemnat

Wir kommen hinter der Neumühle zur Anlage der Polizei-Reiterstaffel, hier sehen wir eine kleine Pferdeskulptur von Lilli Kerzinger-Werth aus dem Jahr 1942. Wir folgen dem Sträßchen zum Klärwerk Plieningen. Hier biegen wir erst nach links, dann gleich rechts ab (nicht der Allee folgen). Nun wandern wir ein gutes Stück am linken Ufer des Ramsbaches entlang, wieder direkt auf der Stadtgrenze.

Der **Ramsbach** entspringt bei Degerloch und fließt im Talgrund zwischen Hoffeld und Schönberg, später zwischen Birkach und Kemnat nach Südosten. Sein Name hat als Ursprung das Wort »Ramsen«,

was so viel wie »Bärlauch« bedeutet. Von der Birkacher Straße bis zum Klärwerk Plieningen bildet er die Stadtgrenze zu Kemnat beziehungsweise zum Landkreis Esslingen.

Links oben sieht man immer wieder **Birkach** mit der **Franziskakirche** liegen. Diese Kirche ließ der katholische Herzog Carl Eugen in den Jahren 1779/80 für seine evangelische Lebensgefährtin und spätere Gemahlin Franziska von Hohenheim errichten. An die Kirche ist das Pfarrhaus angebaut, sodass der Pfarrer aus seiner Wohnung direkten Zutritt zur Kanzel hat. Es wird erzählt, dass Herzog Carl Eugen ungeduldig an die Tür klopfte, wenn der Pfarrer vor der fast immer anwesenden Franziska wieder einmal länger gepredigt hatte. Der klassizistische Innenraum ist weitgehend original erhalten.

Die **Mittlere Filderstraße** konnte am 25. November 1953 durch Oberbürgermeister Arnulf Klett nach knapp 17 Monaten Bauzeit eingeweiht werden, obwohl zahlreiche Einsprüche der Naturschutzbehörden, der Landwirtschaftlichen Hochschule und von interessierten Bürgern geltend gemacht worden waren. Die Bedürfnisse des schnell wachsenden Verkehrs von Stuttgart zur Autobahn wurden höher bewertet. Diese 8,2 Kilometer lange neue Verkehrsachse war damals das größte Straßenbauprojekt in Stuttgart seit dem Ersten Weltkrieg.

Ansonsten wandern wir immer entlang des Baches, bis wir auf die Birkacher Straße treffen. Hier befindet sich die gleichnamige Bushaltestelle (Linie 65). Wir biegen nach rechts ab und gehen hinauf bis zum Friedhof von Riedenberg.

Der Ortsname **Riedenberg** kommt von »roden« und wird erstmals um 1100 genannt. Das Dorf gehörte den Herren von Bernhausen, die ihren hiesigen Besitz 1346 an Württemberg verkauft haben. Verwaltet wurde Riedenberg bis 1810 von Plieningen, dann von Birkach. 1942 wurde es mit diesem zusammen nach Stuttgart eingemeindet. Heute gehört es zum Stadtbezirk Sillenbuch.

Allee im Ramsbachtal

Vor dem Friedhof halten wir uns rechts, dann gleich wieder links und gehen durch die »Denkendorfer Wiesen« entlang des Auener Baches, der hier die Stadtgrenze bildet, hoch. Nach dem Fachwerkhäuschen (Reitstall) biegen wir nach rechts ab und spazieren vorbei an der Jugendfarm bis zur Kemnater Straße.

Wir biegen nach links ab und nehmen die dritte nach rechts abgehende Straße (nach dem Bruckenäckerweg). Nun gehen wir bis zum letzten Haus, biegen nach

»Bänkle« im Eichenhain laden zu einer Verschnaufpause ein.

links ab und nach dem Spielplatz nach rechts. Durch den Anlieger-weg gehen wir bis zum Ende der Bebauung, hier halten wir uns links und kommen zur Stadtbahn-Halte-stelle »Heumaden«.

■ **Länge:**
Etwa 11 Kilometer.

■ **Zeit:**
Etwa 3 Stunden.

■ **Höhenmeter:**
Etwa 250 Meter.

■ **Sonstiges:**
Meist wandern wir auf befestig-ten Wegen.

■ **Charakter:**
Wir wandern über die Filderebe-ne mit schönem Blick zur Schwäbi-schen Alb, durch kurze Waldstücke und durch ein idyllisches Bachtal. Wer will, kann die Universität Ho-henheim mit Museum und sehens-wertem Park besuchen.

■ **Einkehrmöglichkeit:**
Wirtschaft zur Garbe.

Etappe 11

Von Heumaden bis Obertürkheim

- **Ausgangspunkt:**
  Stadtbahnstation Heumaden (U 7, U 8).

- **Endpunkt:**
  S-Bahn-Station Obertürkheim (S 1).

- **Wegverlauf:**
  An der Stadtbahnstation sollten wir erst einen Blick nach Norden werfen – wir haben hier einen Blick auf die Weinberge jenseits des Neckartales. Dann gehen wir nördlich der Gleise nach Osten bis zur nächsten Kreuzung, wo wir ein modernes Kunstwerk sehen, das wie ein weiß gestrichenes Mauerstück aussieht.

  Hier biegen wir nach links ab und gehen auf dem Möhringer Weg bis zur querenden Hedelfinger Straße. Wir biegen nach links ab, halten uns aber gleich wieder rechts in den Paracelsusweg. Nach dem letzten Gebäude links nehmen wir den nach links etwas hinaufführenden Pfad, der uns zu einem querenden Schotterweg bringt. Ihm folgen wir nach rechts, kurz darauf biegen wir nach links ab. Nun geht es auf der Palmenwaldstraße in scharfen Serpen-

Pfarrhaus in Alt-Heumaden

tinen hinab ins Neckartal. Auch da, wo nach rechts die mit rotem Kreuz und Strich markierten Wanderwege abgehen, folgen wir dem nach links hinabführenden Weg, der an einer pavillonartigen Schutzhütte vorbei führt.

Moderne Kunst an der Stadtbahnstrecke bei Heumaden

In früherer Zeit war das Verhältnis zwischen den Württembergern und der Reichsstadt Esslingen häufig belastet. Sogar Kriege wurden untereinander geführt. Immer wieder gab der **Neckar** Anlass zu Spannungen, weil seine Wassergewalt Grenzverschiebungen befürchten ließ. Zwischen Weil und Hedelfingen ist der Geländeabfall zum Fluss hinunter recht steil. An diesem Prallhang konnte der Neckar bei Hochwasser das anstehende Gestein, den Mergel, auswaschen und die dort geführte Straße unterspülen. Im Jahr 1776 wollte Württemberg diese Gefahr durch das Setzen von Steinkästen bannen. Esslingen aber war dagegen, denn es befürchtete, der Lauf des Neckars könnte so umgelenkt werden, dass er in Zukunft stattdessen am rechten Ufer »nagen« würde, welches zu Esslingen gehörte. Links, auf Hedelfinger Seite, ging »nur« württembergischer Boden verloren! Durch die Begradigung des Flusses gehören derlei Streitigkeiten der Vergangenheit an.

Im Tal biegen wir nach links ab und spazieren neben dem Sträßchen nach Norden. Bald zieht rechts ein Fußgängerweg hinauf auf den Damm, er bringt uns zu einer Brücke (Hafenbahnstraße), auf der wir den Neckar überqueren.

Der **Ausbau des Neckars** zu einer Schifffahrtsstraße war ein schon lange geträumter Traum der württembergischen Regenten. Nach gescheiterten Versuchen unter den Herzögen Christoph und Friedrich ließ Herzog Eberhard Ludwig ab

Blick von der Hafenbahnbrücke auf die Schleuse bei Hedelfingen

1712 den Fluss ausbauen. Sein Ziel war es, den Neckar »biß nacher Köngen hinauf schiffreich machen zu lassen«. Aber auch dieses Unternehmen war nicht von Dauer, da der Fluss bei jedem Hochwasser sein Bett veränderte und alle Ausbaumaßnahmen zunichte machte. Um 1900 forderte die Wirtschaft wieder neue Anstrengungen und tatsächlich wurde der Neckar seit 1918 allmählich in ein neues Bett gezwungen. Die Planung des Stuttgarter Hafens begann bereits 1928, aber kriegsbedingt konnte er erst 1958 eröffnet werden. Seit Juli 1968 ist der Neckar sogar bis Plochingen mit Schiffen zu befahren.

Wir folgen der Hafenbahnstraße bis nach den Neckartalwerkstätten der Diakonie, hier biegen wir nach rechts ab in die Straße »In den Stegwiesen«. Nach der Brücke über die S-Bahn-Gleise kommen wir zur Augsburger Straße. Ihr folgen wir nach links, bis wir links von ihr die S-Bahn-Station sehen – und damit hätten wir Stuttgart in den heutigen Grenzen umwandert!

■ **Länge:**
Etwa 8 Kilometer.

■ **Zeit:**
Etwa 2 Stunden.

■ **Höhenmeter:**
Etwa 200 Meter.

■ **Sonstiges:**
Wir gehen auf festen Wegen und Naturpfaden.

■ **Charakter:**
Diese letzte Teilstück führt uns vorwiegend durch Waldstücke, am Schluss durch die Industriegebiete am Neckar.

...4 VON VIELEN

....attraktiven Angeboten aus unserer umfangreichen Produkte-Palette.

KUNDENZENTRUM des STADTMESSUNGSAMTES

Lautenschlagerstr. 22
70173 Stuttgart

Telefon 0711-216-2562
Telefax 0711-216-7057

kunden.stmessa@stuttgart.de
www.stuttgart.de

STUTTGART

Diese pfiffigen Wegbegleiter machen mit ihren vielen Farbfotos, mit detailgenauen Karten und den interessanten Rad- und Wandertouren so richtig Lust auf den nächsten Ausflug!

Dieter Buck: Ausflugsziel Remstal
ISBN 3-87407-512-5
Dieter Buck: Ausflugsziel Schönbuch
ISBN 3-87407-375-0
Herbert Mayr: 70 km rund um Stuttgart
ISBN 3-87407-372-6

Dieter Buck: Ausflugsziel Stromberg-Heuchelberg
ISBN 3-87407-547-8
jeweils 168 Seiten, ca. 100 Abbildungen

In Ihrer Buchhandlung

Silberburg·Verlag